4.0 시대,
미래교육의 길을 찾다

4.0 시대, 미래교육의 길을 찾다

초판 1쇄 발행 2018년 6월 30일

지 은 이 강진자 · 박재홍 · 배정미 · 정향심
펴 낸 이 이형세
책임편집 송진아
편　　집 정지현
디 자 인 오성민
제　　작 제이오엘엔피
펴 낸 곳 테크빌교육㈜
주　　소 서울시 강남구 언주로 551 프라자빌딩 8층
전　　화 02-3422-7783(222)
팩　　스 02-3442-7793

ISBN 978-89-93879-98-8 03370

부모와 교사가 함께 쓴 **자녀교육서**

4.0 시대,
미래교육의 길을 찾다

강진자 · 박재홍 · 배정미 · 정향심 지음

즐거운학교

우리는 왜
이 책을 쓰는가?

미래는 아직 오지 않은 내일이 아니라 오늘의 연장이다. 아이들의 멋진 내일을 상상하며, 교사와 부모가 머리를 맞대고 힘을 합쳤다. 불안해하며 오지 않은 미래를 걱정할 것이 아니라, 함께 고민하고 공부하며 멋진 미래를 갈망할 때 창조적인 대안을 이야기할 수 있는 장이 마련되기를 바랐다. 학교에서 아이들의 적성에 맞는 꿈과 끼의 중요성을 강조하고 진로교육을 진행해도, 정작 집에 가면 수학과 영어 공부가 더 중요하다고 강조하는 부모님들이 많기 때문이다.

교육은 학생과 학부모, 학교가 균형을 이루어야 가장 이상적인 효과를 거둘 수 있다. 4차 산업혁명으로 촉발될 변화의 시대에는 어떤 인재가 필요하며, 구체적으로 어떻게 대비해야 하는지, 우리 교육은 어떤 방향으로 나아가야 하는지에 대한 고민과 노력이 필요한 시점이다. 이에 교육의 주체로서 부모와 교사가 머리를 맞대고 우리 아이들의 미래를 함께 고민하며 책을 쓰게 되었다. 이 책에서는 미래교육이 나아가야 할 방향과 학교가 어떻게 구현해 나가야 하는지에 대한 고민과 실천을 현실감 있게 담고자 노력하였다.

강진자 : 안녕하세요? 미래교육에 대한 책들이 이미 많이 나와 있는데도 불구하고 우리는 왜 이 책을 써야겠다고 생각하게 되었을까요?

정향심 : 교사로서 아이들의 진로를 지도하기가 점점 어렵습니다. 세상은 빠르게 변하는데, 학교교육은 여전히 상대평가를 위한 공부에 치우쳐 아이들의 대학 진학을 가장 중요하게 생각하고 있어요. 눈앞의 성과를 바탕으로 하는 학생과 학부모의 요구를 반영하여 교육해야 하는 것이 당연하다는 생각도 들지만, 막상 대학을 졸업한 제자들을 보면 현실이 녹록치 않거든요. 내가 아이들을 제대로 가르치고, 올바른 진로의 방향을 제시하고 있는지 회의가 듭니다. 저 역시 교사이자 두 아이의 엄마로 우리 아이들이 변화하는 미래 사회를 살아가는 데 필요한 제대로 된 교육서가 필요하다고 생각하여 참여하게 되었습니다.

배정미 : 엄마들에게 자식 교육은 정말 어려운 일입니다. 소중한 아이들을 정말 잘 키우고 싶은데 방법은 모르겠고, 지금까지는 공부라도 잘하면 경쟁력이 있지 않을까 생각하고 아이 교육에 돈과 에너지를 쏟아부었죠. 하지만 사회는 빠르게 변하고 있고, 지금처럼 공부만 하는 것이 과연 경쟁력을 가질 수 있을까 불안한 마음이 들기도 합니다. 학교에서는 여전히 성적으로 줄을 세우니 눈앞의 입시에 연연할 수밖에 없고요. 우리 아이들이 사회로 진출할 10년 뒤까지 생각하면서 키우기는 벅찬 것이 현실입니다.

박재홍 : 저는 이런 고민에 아버지 역할이 무엇보다 중요하다고 생각합니다. 흔히들 좋은 대학에 가려면 할아버지의 재력, 엄마의 정보력, 아빠의 무관심이 필요하다고 하는데, 오랜 사회생활을 해본 아빠의 경험으로는 수학 문제 하나 더 맞춰서 대학 잘 가는 것으로 인생이 결정되는 게 아니거든요. 진짜 게임은 대학 이후부터 시작되는데, 입시에만 국한된 교육을 하다 보니 정작 아이들이 사회에 나왔을 때 어려움을 겪는 경우가 더 많지요. 이제라도 현실에 필요한 교육에 대해 이야기할 수 있는 기회가 되면 좋겠습니다.

정향심 : 10년 뒤를 생각하는 교육이 정말 중요합니다. 인문계 고등학교에서는 가능성이 있든 없든 다들 대학 가는 공부만 시키고 있는

것이 현실이에요. 꼴찌인 아이도 월 100만 원씩 들여서 사교육을 하는 경우도 많아요. 전문대를 가면 또 편입 공부를 시키는 부모들이 있어요. 4년제 대학에 가야 한다는 거죠. 대학에서 해결해 주는 것이 별로 없는데도 모두 대학에 목을 매고 있으니 사교육이 끝이 없어요. 인생의 낭비이자, 국가적으로도 큰 낭비입니다. 문제는 이러한 교육에 당사자인 아이들의 의견은 배제되어 있다는 거예요. 애들 인생인데, 애들한테 물어봐야 하지 않을까요?

배정미 : 그래서 올바른 방향을 알려 주는 자녀교육서가 나왔으면 좋겠어요. 엄마가 열심히 이끌어도 사춘기가 오기 전까지예요. 사춘기가 되면 뒤집어져서 다 안 하겠다고 버티는 아이들도 있지요. 결국 엄마는 아이에게 두 손 들고 맙니다. 몇 년간 공들여 온 엄마 입장에서는 참 억울한 일이지요. 그런 모습들을 지켜보면서 엄마도 아이도 행복해질 수 있는 교육이 필요하다고 느끼게 되었습니다.

정향심 : 일방적인 강요 말고, 관찰과 지원이 우선이 되었으면 좋겠어요. 제 경우는 딸아이가 개성이 참 강했어요. 중학교 때 학교가 싫다면서 자퇴한다고 하더군요. 엄마로서 견디기 힘들었지만 아이를 몰아세우거나 야단친 적은 없어요. 남들이 뭐래도 우리 아이는 훌륭하게 클 거라고 당당하게 말하며 격려했지요. 사실 전 그대로 믿고

있었고요. 어렵게 중학교를 졸업하더니 고등학교에 가서는 자기 인생을 진지하게 고민하기 시작했어요. 지금은 자기 뜻대로 목표를 향해 열심히 노력하며, 지성과 감성 모두 충만하게 자신의 미래를 준비하며 행복하게 잘 살고 있어요. 나중에 어떤 선생님이 저보고 어떻게 참고 키웠냐고 놀라셨어요. 저는 아이가 무엇을 원하는지 관찰하고, 자신의 길을 찾아 나갈 수 있도록 끝없이 응원하며 기다리는 것이 부모 역할이라고 생각해요.

강진자 : 언젠가 '나는 이미 기적이다'라는 강의를 들은 적이 있는데, 7만 년 진화의 역사에서 우리는 단 한 번 태어난 귀중한 생명이랍니다. 전 아이들 하나하나의 가능성과 희망을 보고 싶어요. 지금까지는 공부 잘하는 사람이 대접받는 사회였다면, 이제는 요리, 프로그래밍, 운동, 노래, 만화, 쇼핑몰 운영 등 자기만의 세계를 즐기며 탄탄하게 준비하여 스스로 실력자가 된 사람이 인정받는 사회로 변하고 있어요. 여태까지 성적이라는 한 줄로 평가를 받았다면, 이제는 다양한 능력으로 여러 줄을 세울 수 있으니 가능성과 기회가 많아졌다고도 볼 수 있죠.

박재홍 : 저는 아이들에게 두 가지만 강조합니다. 인생을 살아가면서 무엇보다 중요한 건 인성이라고 생각해서 양보를 가르칩니다. 또

앞으로는 전 세계 사람들과 소통해야 하니 영어 능력은 필수라고 생각하고요. 아빠는 공부 1등이 아니라 양보 잘한다는 말을 듣고 싶다고 늘 말합니다. 집에서 두 아이가 싸우면 먼저 양보하는 사람한테 줄 거라고 중재하면, 서로 '내가 먼저 양보했어!' 하면서 싸웁니다. (일동 웃음)

강진자 : 입시 교육에서 사라진 아버지의 역할이 다시 필요한 때입니다. 우리는 전환기를 맞고 있어요. 산업사회에서는 정답이 존재했고, 열심히 성실하게 한 길로만 가면 성공하는 사회였어요. 그런데 지금은 머릿속에 지식을 쌓는 것만이 공부가 아니에요. 세상 공부로 범위를 넓혀야 해요. 지식도 중요하지만 사람 사귀는 능력, 자신이 좋아하는 일을 찾고 그것을 펼칠 수 있는 도전 정신을 키우는 공부로 바뀌어야 해요. 이런 실천과 경험들을 나눌 수 있는 장이 펼쳐지기를 기대합니다.

배정미 : 세상의 여러 가지 변화 중에 자녀교육과 관련해서 엄마들이 꼭 알아야 할 요소들이 있다고 생각합니다. 그것들을 쉽게 알려 주는 책이 되기를 희망합니다.

정향심 : 아이들 진로지도로 고민하는 교사들도 참고할 수 있으면

좋겠어요. 우리 아이들을 위해서 부모와 교사가 함께 머리를 맞대고 고민하고, 아이들이 행복한 미래를 살아갈 수 있도록 현명하게 준비시키는 어른들의 모습이 담기기를 바랍니다.

CONTENTS

4장 · 미래, 어떤 역량이 필요한가

1장

현재,
어른들이
불안하다

내일에는 두 가지 자루가 있다.
불안의 자루와 믿음의 자루.
우리는 둘 중 하나를 잡아야 한다.

– 헨리 워드 비처

자식 키우기
너무 어렵다

────────── • 대한민국에서 학부모로 살아간다는 것 • ──────────

6년 만에 다시 고3 엄마가 되었다. 두 번째 겪는 일이지만 익숙해지기는커녕 경쟁이 심화되어서 갈수록 대학 보내기가 더 힘들다. 특히 학원 설명회를 다녀올 때마다 대한민국에서 학부모로 살아가는 것에 자괴감이 든다. 자식을 위한 희생은 기본이고, 학원비를 댈 수 있는 경제력에다 각종 봉사활동과 비교과영역을 챙길 수 있는 정보력, 공부에 지친 아이의 심신을 관리하는 매니지먼트 능력까지……. 슈퍼울트라 만능 부모가 아니고서는 감당할 수 없을 만큼 너무나 많은 능력이 요구된다.

첫아이를 키운 입시 경험이 둘째에겐 무용지물일 정도로 매년 입시가 바뀐다. 공교육을 살리기 위한 방안으로 수시의 비율이 확대되고 있지만, 이 제도는 '입시 컨설팅'이란 또 다른 사교육을 양산했다. 내신 관리에 논술, 수능까지 감당하기에도 벅찬데, 수행은 또 얼마나 많은지. 학교생활기록부를 채우려면 공부 외에도 해야 할 것이 너무 많아서 아이도 엄마도 지친다. 아, 우리는 어쩌다가 대한민국에서 아이를 키워 이 소모전을 감내해야 하는지! 덴마크나 핀란드 같은 곳에서 자식을 키우지 못하는 것이 가끔은 한스럽다.

OECD 국가 중 학업성취도 1위인 핀란드의 교육 환경은 우리나라와 종종 비교된다. 그곳은 아이들 하나하나의 인격을 존중하고, 경쟁을 지양하며, 학습 수준이 다른 친구들을 섞어 놓는데도 학생과 학부모가 모두 행복하고 학업성취도도 뛰어나다. 반면 우리나라는 과도한 경쟁으로 인해 많은 돈과 시간을 쏟아부으면서도 학생과 학부모 누구 하나 행복하지 않다. 어릴 때부터 시작하는 과도한 선행학습은 학습 조로현상을 일으켜, 우리나라 청소년들은 각종 올림피아드를 휩쓸며 뛰어난 성취를 보이는 데 비해 대학생의 학업 수준은 세계 기준에서 한참 떨어진다. 다른 나라 학생들은 대학 가서 더 열심히 공부하는데 우리나라 학생들은 대학에 들어가면 이미 지쳐 있다. 또다시 취업 준비를 위해 자격증 학원을 기웃거리고, 혼자 공부하는 방법을 몰라 대학 가서도 학점을 위해 학원을 다니는 학생도 있다고 들었다. 이게 무슨 아이러니인가!

자고 나면 바뀌는 것이 아이들의 꿈이다. 당연한 것 아닌가? 그런데 우리 아이들은 중학교 때부터 자유학기제나 진로활동을 통해 꿈을 찾느라 애쓴다. 미래에는 숱한 새로운 직업들이 생길 것인데, 고등학교 학교생활기록부에 적기 위해서는 그 꿈들이 현실적이고 구체적이어야 한다. 그래서 대부분 기존 직업군에서 대학 진학에 맞추어서 자신의 활동을 한 가지로 모으다 보니, 이런 진로활동이 가능성을 키우는 것인지 입시의 틀에 맞추어 가능성을 제한하는 것인지 종종 헷갈린다. 진학을 위해 강요당하는 꿈과 끼 때문에 피로감을 느끼는 학부모도 많다. 가능성을 활짝 열어 주는 교육이 우리나라에선 불가능한 것일까?

수능날 아침, 나는 덧없는 줄 알면서도 간절히 기도해 본다. 전쟁터 같은 한국의 교육 현실에서 대입이라는 사투를 벌이고 있는 저 불쌍한 아이들과 학부모들을 위해 누가 이 소모전을 끝내 주기를…….

엄마들은 만나면 한목소리로 요즘 자식 키우기가 너무 어렵다고 호소한다. 예전 우리 부모님은 많은 자녀를 기르면서도 삼시 세 끼 밥만 잘 챙겨 주면 그만이었다. 아이들은 학교에서, 동네 골목에서 땅거미가 지도록 친구들과 놀았고, 중·고등학교 때는 알아서 공부하고 진학을 하거나 취업을 했다.

그런데 오늘날 육아는 어떤가? 아이는 하나나 둘로 과거에 비해 절반으로 줄었는데도 24시간 엄마의 관리가 필요해서, 과거와는 비교할 수 없을 만큼 정보력과 전문성을 필요로 하는 고난이도의 일이 되었다. 돈과 시간과 마음을 자식 뒷바라지에 쏟아붓지만 결과적으로는 부모도 아이도 지치고 힘들다. 과연 이것이 옳은 길인지, 제대로 가고 있는지 불안한 마음에 학원이나 컨설팅업체로 발길을 돌려 보지만, 상업적으로 이용당하고 마는 것이 현실이다. 우리는 왜 이토록 힘들고 불안한가?

불안한 부모

불안은 현대인의 보편적인 증상이라고 하나, 유독 우리 사회가 불안에 더 민감하게 반응하는 이유는 무엇일까? 그것은 우리 사회의 변화 속도에서 기인하는 바가 큰 것 같다. 유럽의 근대화는 200년에 걸쳐서 서서히 이루어진 데 비해, 우리나라는 단 50년 만에 세계에서 가장 빠른 속도로 압축 성장을 하다 보니 피로도와 불안감이 그 어떤 사회보다 클 수밖에 없다. 변화의 속도가 빠르니 적응하기가 어렵고, 그에 따른 불안한 정서만 커져 간다. 소용돌이처럼 변화하는 사회 안에서 우리가 치러야 할 심리적인 대가들이 결코 만만치 않다고 할 수 있다.

학교에서 엄마들과 고민을 나누다 보면 양육 불안에 대한 얘기들이 가장 많다. 성적이나 평가에 연연하지 않고 나름 편안하고 행복하게 아이를 키우겠다는 소신을 가진 엄마들조차 혹시 이렇게 키우다가 우리 아이가 다른 아이들에 비해서 뒤처지면 어떡하나, 잘 자라서 행복한 인생을 살았으면 좋겠는데 그렇지 못하면 어쩌나, 아이가 자신의 잠재력과 재능을 발휘하면서 살았으면 좋겠는데 행여 내가 잘못 키워서 아이의 인생을 망치지나 않을까 걱정이 많다.

주로 아이의 학교 성적에서 비롯된 불안인데, 본인의 양육 방식에 확신이 없고 매 순간 의문투성이라 혼란스러워한다. 아이가 지닌 개성이나 재능과는 상관없이 성적이라는 획일적인 기준으로 아이의 가능성을 평가하다 보니, 주변의 시선에서 자유롭지 못한 것이 대한민국 엄마들이 가지는 양육 스트레스다. 한편 아이에 대한 동일시도 심해서 아이가 조금이라도 시행착오를 겪을라치면 내가 잘못 키워서 그렇다는 죄책감도 심한 편이다. 사실 아이의 성적에서 자유로운 엄마가 몇이나 되며, 또 성적에서 자유로울 만큼 독특한 재능을 보여주는 아이는 또 얼마나 있겠는가.

아이 잘 키웠다는 부모들의 성공담이 베스트셀러 반열에 오르는 세상이다 보니 자신도 모르는 사이에 이런저런 부모 유형을 따라 해 보지만 좌절하기 일쑤다. 그 부모의 교육 방식은 그들 자녀와의 상호작용과 상황에서 맞았던 것이지 내 아이에게도 맞는다는 보장이 없기 때문이다. 우리 아이도 다른 지능과 개성을 가진 세상에 단 하나뿐인 존재이기 때문에, 그들의 방식에서 아이디어를 얻을지는 몰라도 똑같은 결과를 낸다는 보장은 없다.

시대의 탓도 크다. 부모들이 자라던 시대에는 이상적인 모델이 존재했기 때문에 그 모델에 자신을 맞추려고 노력하면 어느 정도 성공적인 결과를 만들어 내는 것이 가능했다. 하지만 지금은 각자가 처한 상황과 맥락 속에서 다양한 선택과 상대적 가치가 중요한 4차 산업혁명의 시대에 살고 있다.

송은주는 『우리는 잘하고 있는 것일까』[1]에서 미래 자녀교육의 방향에 대해 정답을 찾기보다는 "오답 제거하기"로 표현하였다. 가능성이 있는 선택지는 남겨 두고, 아이를 망칠 수 있는 명백한 오답들을 차례로 제거해 나가는 것이 유용한 방법이라고 소개하면서, "부모의 역할이란 어쩌면 아이들이 더 나은 삶을 준비할 수 있는 교육 방법을 선택하고, 자기 자신이 아이를 망치는 부모가 되지 않도록 균형을 잡고 있기만 하면 되는 것일지도 모른다."고 결론지었다.

미래는 아무도 장담할 수 없기에 자녀교육에 있어서 더 이상 이상적인 방법이란 존재하지 않는다. 사지선다형 속에서 정답을 찾던 방식에 익숙한 부모 세대에게 다양한 선택지와 맥락에 대한 고려는 무척 어려운 문제다. 그것이 내 아이의 일생이 걸린 문제이기에 부모는 더욱 어렵다. 자녀교육에 정답이 없다는 걸 알면서도 답답한 마음에 누군가 정답을 알려 주기를 바라는 마음, 그래서 늘 여기저기 흔들리고 불안한 것이 엄마의 마음이다. 정말 아이를 잘 키우고 싶은데, 너무 어렵다. 그래서 불안하다.

과도한 교육열

누구 집 아이가 명문대에 합격했다는 소문이 나고 학원 광고지에 이름이 실리는 걸 보면 일단 자녀교육에 성공한 것 같다. 그 엄마는 선망의 대상이 되고, 다른 엄마들은 그 노하우를 듣고 싶어서 종종 밥을 사며 정보를 얻기도 한다. 학원가에서 유명한 '돼지 엄마'가 그들이다. 그들은 자식을 명문대 보낸 걸로 학원 상담실장을 하면서 다른 엄마들에게 자신과 같은 방법을 확대 재생산하는 역할을 한다. 직장에서조차 누구네 자녀가 좋은 대학에 갔다는 소문이 돌면 동료와 후배들은 부러워하고 그 부모는 괜히 으쓱해진다. 좋은 대학에 가면 앞으로의 인생도 탄탄대로로 풀릴 거라는 과거의 경험에 바탕을 둔 암묵적인 동의가 있기 때문일 것이다. 최근에는 입시 결과를 묻는 것이 실례여서 누군가 합격 턱을 내는 것조차 조심스럽다지만, 어쨌든 자식 농사에 대한 세간의 평가는 대학 입시 결과로 판가름이 난다고 해도 과언이 아니다. 그런데 그 이후는 어떤가? 그 아이가 원하는 직업을 얻고 자신의 인생을 주도적으로 이끌어 가고 있는지는 관심을 갖지 않는다. 정말 중요한 것은 학업 이후의 인생인데도 말이다.

B엄마는 한때 누구보다도 자식을 잘 키워 명문대에 보내겠다는 열의로 가득 찬 맹렬 엄마 중 한 사람이었다. 큰아이가 과학고 입시에서 떨어지고 일반 고등학교에 진학했을 때는 입학사정관제를 공부하려고 학원에서 진행하는 16시간짜리 부모 수업을 듣기도 했다. 그 당시 과학고에 떨어진 것은 아이에게도 엄마에게도 실패로 여겨졌고 또다시 실패를 겪기는 싫었다. 그런데 작은아이의 중학교에서 '기업가 정신' 부모 수업을 들으면서 명문대를 향한 신화에서 벗어날 수 있었다.

네이버나 넥슨 등 IT기업을 방문하여 그들의 자유롭고 창의적인 근무 환경과 기업문화를 살펴볼 수 있었고, 에어비앤비, 집카, 넷플릭스 등의 신생 기업들을 공부하면서 세상의 변화와 그 변화를 이끌어 가는 기업가들을 만나게 되었다. 미래에는 문제에서 기회를 찾고 자신만의 가치로 사회를 바꾸어 가는 사람, 문제해결 능력을 가진 인재가 필요하다는 것을 알게 되었다. 우리 아이들에게 진짜 필요한 공부는 세상을 바꾸는 기업가들의 문제해결 능력과 도전 정신을 배우고 그들처럼 창의적으로 생각하는 훈련임을 깨닫게 되었다. 그리고 다른 학부모들과 함께 아이들 눈높이에 맞춘 엄마표 기업가 정신 수업인 '미니컴퍼니'를 기획하여 4년째 진행하고 있다. 이미 명문대의 신화는 깨졌고, 심각한 대졸 실업률과 안정된 직장도 허상임을 현실에서 보았기 때문이다.

중요한 것은 우리 아이들이 자라서 맞이할 미래, 10~15년 뒤의 세상인데, 우리 부모들은 그 미래를 교육과 연결하는 부분에서 둔감하다. 대졸 실업률이 고졸 실업률보다 높은 현실, 현재 우리가 알고 있는 직업의 50~75%가 사라질 거란 전망, 그 선두에 우리가 가장 선호하는 '사' 자 직업들이 있다는 것을 변화의 중심에 선 사람들의 입을 통해 직접 듣기 전까지는 체감하지 못한다. 그동안 우리가 받은 부모교육이나 정보는 기껏 학원가에서 주는 대학 입시 정보가 주류를 이루었기에 세상의 변화에 둔감할 수밖에 없었는지도 모른다. 당장 아이가 학교에서 몇 등 하는지, 어느 대학에 갈 수 있는지에만 관심을 둘 뿐, 아이의 10년 뒤를 생각하면서 키우는 부모는 드물다. 그래서 부모에게 미래교육이 더욱 절실하다. 돈과 시간과 에너지를 쏟아 가며 열심히 뒷바라지하는데, 방향이 틀렸다면 그런 무모한 낭비가 어디 있겠는가?

지금 우리 아이들이 비싼 수업료를 치르며 밤늦도록 배우는 국·영·수 문제 풀이 능력은 로봇이 가장 잘하는 영역이다. 얼마 전 타개한 미래학자 앨빈 토플러(Alvin Tofflre)는 2006년에 내한하여 "한국의 학생들은 하루 10시간 이상을 미래에 필요하지 않을 지식, 존재하지도 않을 직업을 위해 허비하고 있다."고 충고했지만, 10여 년이 지나도 우리 교육의 현실과 부모들의 인식은 그다지 변하지 않았다. 미래를 바라보는 혜안을 바탕으로 가장 빠르고 진보적이어야 하는 교육 분야가 사실은 가장 보수적이고 늦게 변화하는 것이 안타깝다.

　부모는 누구나 내 아이가 성공하기를 바란다. 우리나라 부모들의 드높은 교육열과 희생정신은 내 자식이 도전을 통해 힘든 시행착오를 겪기보다는 부모가 미리 준비해 준 길을 따라 안전하게 성공하기를 바란다. 이런 양육 방식은 성인이 되어서도 아이 스스로 자신의 인생에 대한 주인의식이나 도전의식을 갖기 어렵게 만든다. 부모 세대의 성공 모델이 미래 사회의 성공 모델이 될 수 없는데도, 부모들은 여전히 명문대에 입학하고 남들이 부러워하는 안정된 직장에 취업하는 것이 인생의 성공이라고 아이들에게 주입시키고 있다. 과연 미래에 안정된 직장이 있기나 할까? 오늘날 성인들은 평생 5번 직업을 바꾸지만, 가까운 미래에는 한 사람이 평균 19번 직업을 바꿀 것이라고 한다.[2]
　이제 성공에 대한 정의도 바뀌어야 할 때가 왔다. 현대에는 누구에게나

통용되는 성공 공식은 더 이상 존재하지 않는다. 사회운동가이자 성공 트레이너인 요르크 뢰어는 성공적 삶에 대하여 다음과 같이 말한다.[3]

"개인의 재능을 바탕으로 의미 있게 살아가는 것, 자신이 좋아하고 잘할 수 있는 것을 할 때만 충만하고 행복하며, 결국에는 성공적인 삶을 살아갈 수 있다."

그러기 위해서 부모는 "실수해도 괜찮아. 틀려도 괜찮아."라고 말할 수 있고, 아이들에게 용기를 주어야 한다고 충고한다. 때론 실수도 하고 시행착오를 겪어야만 자신이 누구인지, 무엇을 좋아하고 잘하는 사람인지 알 수 있다. 부모 자신의 인생을 되돌아보라.

아이를 망치는
부모의 습관

정보에 뒤처질까 봐 특목고 엄마들 카페에서 입학 수기를 읽으며 수많은 엄친아 이야기를 접했다. 우리 아이는 중3이고 공부도 좀 하는데, 엄친아는 아니다. 문제는 모자 관계가 너무 나쁘다는 거다. 아이는 행복해하지 않는다. 그러나 좋은 스펙은 절대로 배신하지는 않을 거라 생각하고, 그들을 조금이라도 따라갔으면 싶다. 머리로는 욕심인 줄 아는데, 포기가 어렵다. 그래서 늘 조급하고 불안하다. 그런 불안이 아이를 더욱 압박하고 강압적으로 대하게 한다. 이제 조금만 참으면 되는데, 지금까지도 쉽지 않았지만, 앞으로가 더 중요하다. 솔직히 내 욕심으로 여기까지 온 거 인정하지만, 예전에 내가 직장에서 당하던 차별을 내 아이가 겪게 하고 싶지 않다.

- 40대 전업주부 엄마

나는 엄마의 시험 대상이었다. 엄청난 사교육을 받았고, 남들이 받지 않았던 것들도 모두 경험했다. 그 가운데 내가 선택한 것은 없었다. 나는 댄스가 배우고 싶었는데 엄마는 허락하지 않았다. 그만하고 싶다는 과외는 일 년째 진행 중인데 진짜 하기 싫다. 우리 엄마는 엄친아를 만들고 싶어하는 것 같다. 엄마 주변에 그런 사람들이 많기 때문이다. 다들 학원도 다니지 않고 혼자 공부했는데 대학을 잘 갔다는 거다. 반면에 나는 비싼 학원에 다녀도 이 모양이다. 어떻게 학원 근처도 가지 않았는데 그렇게 스스로 잘하는 거지? 짜증난다. 급기야 엄마는 자기주도학습법을 가르치는 학원에 보냈다. 효과는 하나도 없었다. 자기 스스로 공부하는 법을 학원에서 배우다니…… 아이러니다. 엄마랑 사이가 좋았던 적은 별로 없다. 내가 하고 싶은 것은 늘 무시하고, 엄친아들이 하는 것 위주로 내게 강요하는 한 우리 사이는 어긋날 수밖에 없다.

- 고1 여학생

특목고에 입학하고, 카이스트나 서울대 들어가서 스펙 좋고 집안 좋은 친구들과 사귀면 우리 아이도 좋은 인맥을 갖추고 수준 높은 생활을 할 거라 믿어요. 저처럼 살지 않으려면 좋은 대학에 가야 해요. 제 주변에 그런 아이들이 많아요. 스스로 공부해서 서울대 들어간 아이들 말이지요. 그런데 아이가 지금 저러고 있는 거 보면 답답해서 미치겠어요!

- 40대 중반 직장인 엄마

나는 지금 행복하고 싶다고요! 세상은 앞으로 어떻게 변할지도 모르고, 또 더 이상 공부로 승부하는 세상도 아닌데, 엄마가 특목고 타령하는 건 그저 엄마 자랑거리를 만들고 싶어서라고 생각해요.

- 중2 남학생

집에 있으면서 자식도 제대로 못 키운다는 소리 듣고 싶지 않다. 애들이 공부 잘하면 '저 엄마 능력 있네~' 하고 다시 보는 세상 아닌가. 아이가 얼마나 잘 하느냐는 나를 평가하는 거나 마찬가지다.

- 40대 중반 전업주부 엄마

엄마는 부러워서 그러는 것이 아니라는데, 거짓말이다. 다른 엄마들처럼 SNS를 시작하고 나랑 동생이 받아 온 상장도 슬쩍 올린다. 엄친아 ○○이 엄마의 영향이다. 내가 엄친아가 아니어서 우리 엄마는 좌증이 나는 것 같고, 그래서 매일 내게 공부하라고 잔소리만 한다.

- 초등 6학년 여학생

※ 출처 : 김민화(2015), 「'엄친아'에서 '금수저'까지, 현대사회의 계급담론을 해체하고 부모-자녀의 이야기 다시 쓰기」, 2015년 추계 한국가족치료학회 및 연계학회 공동학술대회

우리 사회의 부모와 자녀 간 갈등을 들여다보면 일정한 패턴이 있다. 부모에게는 성취 지향적인 기성세대의 가치관을 반영한 성공 공식이 있

는데, 아이가 열심히 공부해 명문대에 진학하여 남들이 부러워하는 직업을 갖고 안정된 삶을 살기를 바라는 것이다. 그것을 위해 부모는 자신의 모든 욕구를 억누르고 자녀에게 헌신한다. 아이가 지치는 상황은 미래를 위해 어쩔 수 없이 치러야 하는 희생쯤으로 여기며 경제적·정신적 수고를 마다하지 않는다.

그런데 아이의 흥미나 적성보다 사회에서 일반적으로 통용되는 성공에만 기대를 건다면 부모와 자녀 간의 갈등은 불가피하다.[4] 특히 전업주부 엄마의 경우 아이를 잘 키워 내는 것이 엄마의 성취로 연결되는 경우가 많기에 아이의 성적을 엄마의 성적이라 생각하기도 한다. 그러다 보니 성적에 민감한 엄마의 태도는 과다한 통제와 간섭, 스트레스로 작용하는데, 아이가 어릴 때는 어느 정도 엄마의 뜻을 따라오지만 사춘기가 되면 삐거덕거리기 시작한다. 그러면 엄마는 더 강하게 아이를 통제하려 들고, 아이의 반항심이 극에 달하면 집은 전쟁터가 되어 버린다. 그런 상황이 되고 나서야 엄마는 눈물을 흘리며 모든 것을 내려놓게 되고, 아이와의 관계를 회복하는 데 몇 년이 걸린다. 그사이 엄마는 분노와 좌절감, 죄책감, 허탈감, 우울증 등 많은 내면의 갈등을 겪는다. 아이 역시 비슷한 감정을 겪으며 힘들어한다.

심리학자 보웬(Murray Bowen)은 자아분화의 개념을 소개하면서, 바람직한 관계는 개별성과 연합성이 적절히 균형을 이루는 것이라고 하였다. 부모와 자녀 사이에도 적당한 거리 두기가 필요하다. 부모의 욕심에서 벗어나 자녀의 인생을 분리된 것으로 보기까지 부모와 자녀가 치러야 하는 대가가 만만치 않다.

내 아이만 앞서면 된다?

Y중학교의 '미니컴퍼니' 시간에는 아이들에게 실제로 돈을 벌어 보는 경험을 제공하면서 돈을 제대로 쓰는 경험과 기부문화를 가르치려고 노력한다. 기부 또한 어릴 때부터 몸으로 체험하며 배워야 한다고 생각하기 때문이다. 그런 취지에서 적은 금액이지만 '만 원 프로젝트'를 통해서 번 수익금의 일부를 학교 발전기금으로 내자고 제안했을 때, 학생들은 하나같이 묻는다.

"선생님, 제가 열심히 일해서 번 돈인데, 왜 나눠야 해요?"

"그래, 네가 열심히 노력해서 번 돈인 건 맞아. 만 원 프로젝트는 너희가 투자한 돈이지만, 너희가 얻은 수익금은 학교라는 장소와 친구들을 통해서 번 것이니 너희에게 성공의 기회를 제공한 학교에 감사하는 뜻에서 기부를 하면 좋겠다."

우수팀으로 선정된 아이들은 적은 금액이지만 자신의 이름으로 직접 학교에 기부하고, 선생님으로부터 칭찬을 받으며 선한 경험을 쌓는다. 내가 번 돈이 단지 나의 노력만이 아니라 사회 구성원의 도움 속에서 가능했던 것임을 깨닫고, 나아가 나도 사회에 도움을 줄 수 있음을 체득할 수 있는 것이다.

그런데 안타깝게도 요즘에는 그러한 마음을 키우기가 쉽지 않은 현실이다. 학교에 대한 기부를 '삥 뜯긴 것'으로 표현하는 학생들을 보면서 충격을 받기도 했다. 이는 부모라고 예외가 아닌 듯하다. 아이들의 이기적인 행동이나 마음은 엄마들의 이기적인 행동과 맥을 같이 한다. 조금이라도 자신과 아이가 손해 보는 것을 못 참고, 이해관계에 너무나 민감하다. 자신의 권리는 악착같이 챙기면서 타인과 나누거나 베푸는 일은 나 몰라라 한다. 성적이나 평가, 친구 관계에 경쟁적으로 대응하는 부모의 태도는 그대로 자녀에게 투영된다. 자기 자식만 귀한 줄 아는 이기적이고 비뚤어진 모성은 자식의 명문대 수시 진학을 위해서 남의 집 멀쩡한 자식을 지체장애인으로 만들어 조작하기도 한다. 그렇게 해서 큰 봉사상을 타고 대학에 보내면 그 자식은 무엇을 보고 배울까? 아무리 자식을 사랑해도 넘지 말아야 할 적정선은 지켜야 한다.

　'신은 모든 곳에 있을 수 없어서 어머니를 만들었다.'는 유대인 속담이 있다. 생명을 키우는 고귀하고 이타적인 모성이 어쩌다가 이기적인 멸시의 대상으로 전락한 것인지 안타깝다. 내 아이가 성적이나 가정환경이 어려운 아이와 놀면 행여 나쁜 영향을 받을까 편 가르기 하는 엄마들을 그대로 따라서 같은 단지 내에서도 평수에 따라 끼리끼리 노는 아이들. 조금만 마음에 안 들면 친구를 따돌리고 공격하고 괴롭히는 아이들. 이러한 환경에서 우리 아이들이 어떻게 건강하고 행복하게 자라날 수 있겠는가.

엄친아는 허상이다

공부도 알아서 잘해 항상 최상위권을 도맡아 하며, 스포츠와 악기 연주도 뛰어나고, 외모도 훈훈하며, 예의까지 바르고 인성도 좋아서 선생님과 친구들에게 인기도 많은, 무엇 하나 빠지는 것이 없는 완벽한 아이를 우리는 '엄친아(엄마 친구 아들)'라 부른다. 경쟁의 논리에 사로잡힌 우리 사회는 엄친아 성공 신화에 빠져 '우리 아이 엄친아로 키우기' '엄친딸 패션과 스타일 탐구' '내 아이 엄친아로 기르기 위한 교육비법' 등 새로운 사회현상을 불러일으켰다.

이처럼 엄마 잔소리의 단골 메뉴로 등장하는 엄친아는 부모들에게는 완벽한 자녀에 대한 환상을 제공할지는 모르겠지만, 부모와 자녀의 관계를 어렵게 만드는 요인이기도 하다. 모범적인 인물의 대명사인 엄친아는 많은 사람들의 열등감을 자극하는 스트레스의 대상이기 때문이다. 상대평가에 익숙한 엄마들은 아이가 성적을 받아오면 "수고했어!" "잘했구나!"라고 격려하기보다는 "너희 반에서 만점은 몇 명이야?" "○○는 몇 점 받았어?"라는 식으로 공부 잘하는 친구를 의식하고 우리 아이의 상대적 위치를 확인하려고 한다. 중학교까지는 그래도 절대평가라 덜한데, 내신이 존재하는 고등학교에서 중요한 것은 아이 성적의 상대적인 서열이기 때문이다.

부모의 적절한 기대는 자녀의 성취에 긍정적인 영향을 미칠 수 있지만, 과도한 기대는 부모와 자녀 간의 갈등을 불러일으키는 원인이 되어 오히려 자녀의 반발심이나 좌절감을 초래할 수 있다. 교육심리학자 레프 비고츠키(Lev S. Vygotsky)는 아동을 타인과의 관계에서 영향을 받으면서 성장하는 역사–사회적 존재(historico-societal being)로 보았다. 그는 '근접발달영역(zone of proximal development)'이란 개념을 설명하면서 아동은 자신의 능력보다 약간 상위 수준의 과제를 도전받을 때 누군가의 안내나 상호작용을 통해 자신의 잠재력을 확장시킬 수 있다는 것이다. 누구나 자기가 성취할 수 있는 것보다 약간 높은 수준의 도전에는 의욕을 보이지만, 너무 과한 목표나 기대는 오히려 좌절감을 불러오고 의욕을 저하시킨다. 세 살짜리 아이한테 일곱 살의 행동을 따라 하라는 것이 무리인 것처럼, 내 아이의 근접발달영역을 넘어서는 부모의 요구는 억지다.

노경실의 동화『엄마 친구 아들』[5]에서 주인공 현호는 엄마의 입버릇인 엄친아 때문에 괴롭다. 그 애는 착하고 잘생기고, 부모님 말씀도 잘 듣고, 똑똑하고 공부도 잘하고, 태권도에 피아노, 영어, 바둑, 한자 쓰기, 글짓기까지 못 하는 게 하나도 없다. 아무리 생각해도 초능력자나 특별한 유전자를 타고난 것이라 생각한 현호는 단짝 친구들과 함께 그 아이의 실체를 조사하기에 이른다. 그리고 엄마가 그토록 칭찬해 마지 않던 엄친아가 사실은 오줌싸개이고, 줄넘기를 못 해 과외까지 받는 허

점이 있음을 알게 된다. 더욱 충격적인 사실은 현호도 다른 집 엄마에게
는 엄친아로 불리고 있다는 것이다.

결국 엄친아는 현실에서는 존재하지도 않는, 엄마들의 욕심이 만들어
낸 허상이다. 내 자식 잘되라고 독려하기 위해 만든 존재인데, 오히려
자식 마음만 힘들게 하고 있다.

도대체 엄마들은 자식에 대한 욕심을 내려놓기가 왜 이리 힘든 것일
까? 아동심리학자 김민화 교수는 엄친아를 선망하는 엄마들의 내면에는
남들보다 나은 삶을 살기 위해서는 엄친아의 조건을 갖추어야 한다는
생각, 혹은 잘되던 못 되던 그 대열에 끼는 것이 중요하니 어쩔 수 없이
따라야 한다는 생각이 앞서는 것 같다고 말한다. 행복하게 살기 위해서
는 사회적으로 성공해야 하는데, 성공 신화를 만들어 낸 이들은 모두 엄
친아였기 때문에 내 아이도 엄친아가 되어야 한다고 생각하는 것이다.

그러나 아이들의 생각은 다르다. 아이들은 사회적 성공이 곧 행복이란
공식을 더 이상 믿지 않는다. 그들에게는 미래의 행복도 중요하지만, 현
재의 행복도 그만큼 중요하다. 부모의 강요와 기대가 자신들을 위한 것이
라기보다는 부모 자신의 성취를 자랑하고 싶어서라고 생각하고 반발심
을 갖기도 한다. 이런 시각차가 부모와 자녀 간의 갈등을 초래한다.

아이도 부모도 지친다

아이들은 더 이상 불확실한 미래를 위해 현재의 행복을 저당 잡히길 원

하지 않는다. 공무원 시험에 청년들이 몰리는 것은 안정 지향적인 직업이기도 하지만, 저녁이 있는 삶, 쉼이 있는 삶을 원하기 때문이기도 하다. 오죽하면 한 번뿐인 인생 내 뜻대로 살겠다는 '욜로(YOLO) 라이프'가 유행이겠는가.

우리 아이들은 이미 너무 많이 지쳤다. 초등학생 때부터 대학 입시를 위해 쉼 없이 달려왔는데, 대학에 가니 이제는 취업을 위해 달려야 한다. 그렇게 고생을 하고 취직을 하니 이미 평생직장은 사라졌고, 더 나은 직장으로의 이직을 위해 또 자신의 상품성을 높여야 한다. 아무것도 안 하고 편하게 살 수는 없을까? 밥만 먹을 수 있고 건강하면 행복이지, 꼭 남들이 부러워하는 성공을 해야 하나? 성공을 이루었다 해도 끝없는 긴장 속에서 더 많은 성취를 얻기 위해 계속 달려야 하는데……. 끝없는 경쟁 구도가 부모와 아이 모두를 지치게 하고 있다.

도전과 열정, 꿈은 몸과 마음을 비워야 채워지고, 스스로 선택할 때 제대로 자라난다. 학원을 전전하는 것으로 하루가 꽉 찬 아이들의 머릿속에서는 남다른 생각도, 창의성도 나오기 어렵다. 교육열이 치열한 서울의 어느 지역에서 학교 상담사를 하셨던 분은, 아이들이 마치 부모의 아바타 같은 느낌이었다고 한다. 혼자서는 아무것도 결정하지 못하고, 모든 것을 엄마에게 물어보는 우리 아이들 말이다.

학부모 토론 시간의 단골 주제는 '사교육 필요한가, 아닌가?'이다. 이것도 공부하는 당사자인 아이가 고민해야 할 문제인데, 우리나라에선 엄마들이 고민한다. 조기교육이 별 효과가 없음을 경험으로 알고 있고, 사교육이 심각하다는 부분에서도 엄마들은 동의한다. 그런데도 친구들은 다 학원 다니는데 우리 아이만 혼자 공부하다 성적이 떨어질까 봐, 그래서 내 아이만 뒤처질까 봐 불안해서 안 시킬 수가 없다고 한다.

정답은 없다. 늘 아이의 현재를 살피고 우리 아이에게 맞는, 각자 자신만의 답을 찾아가는 과정이 있을 뿐이다. 그렇지만 아이가 필요 없다고 하면 과감히 학원을 끊어야 한다. 아이는 자신에게 필요 없는 것을 너무나 잘 알고 있다. 아이가 원하지도 않는데 엄마의 고집대로 하다가 돈만 버리고 역효과만 가중되는 경우를 더 많이 보지 않았는가. 혹시 이 선택으로 아이의 성적이 떨어지고, 아이 인생에 해가 되지 않을까 불안한 마음이 들더라도 아이의 선택을 믿고 존중해 주어야 한다. 아이에게도 스스로 선택하고 책임지는 연습이 필요하기 때문이다.

아이의 의사를 무시한 채 부모의 조바심과 불안으로 잔소리를 하게 되면 부모와 자녀 간의 정서적 소통은 단절된다. 자녀가 부모에게 느끼는 몰이해와 소외감을 간과할 경우, 자녀는 부모와의 관계에서 철수하기 시작한다.[6]

아예 부모와 대화를 끊어 버리거나 대놓고 반대로 행동하면서 반항하기 시작하는데, 이때부터 엄마에게는 지옥같이 힘든 고통의 시간이 시작된다. 아빠가 중재자의 역할을 하는 경우는 그나마 다행이고, 아빠의 개입으로 갈등의 골이 더 깊어지는 경우도 많다. 아이가 다시 부모의 진심을 알아주기까지 중·고등학교 시절 전체가 지나가 버리는 경우도 있다. 그 긴 시간을 가족이 서로 단절된 채 불안과 좌절의 시간을 견뎌야만 하는데, 그 지독한 가슴앓이를 어찌 말로 다할까!

인생이 한 번뿐이듯 부모가 되는 것도 연습이 없다. 서툴 수밖에 없고, 아이를 너무 사랑하다 보니 분리도 못 하고 내 모든 실패와 시행착오를 우리 아이는 겪지 않았으면 하는 바람뿐이다. 그런데 그것이 오히려 아이를 부모의 아바타 이상으로 키우지 못하는 결과를 가져온다. 부모보다 나은 아이로 키우기 위해서는 아이가 스스로 생각하고 선택하도록 기다려 주어야 한다.

부모와 자녀 간의 경청하는 습관

진시황제가 죽고 난 후 천하가 어지러울 때, 명문가 출신의 항우와 건달 출신의 유방이 서로 자웅을 겨루었다. 산을 뽑아 옮긴다고 할 정도로 힘이 장사였던 항우가 절대적으로 유리했던 형세였으나 승패는 변변치 못한 신분에 제대로 칼을 다루지도 못했던 유방의 승리로 끝나, 유방은 한(漢)나라를 건국한다. 중국인들은 한나라 이후에 당·송·명·원·청의 수많은 나라를 세웠지만 본인들을 한나라의 후손이라 생각하여 스스로를 '한족(漢族)'이라 하고, 중국어를 '한어(漢語)'라고 한다. 무엇이 동네 건달 출신의 유방을 이토록 위대한 중국의 시조로 만들었을까?

항우는 본인이 가진 귀족 신분과 산을 옮길 주먹의 힘을 믿었기에 다른 참모들이 하는 얘기에는 관심이 없었다. 그래서 참모들의 역할은 항우가 모든 말을 다하고 나서 그의 의견에 동의해 주는 것뿐이었다. 현장의 생생한 상황을 알고 있는 참모들의 의견은 전혀 듣지 않았고, 들을 의지도 없었던 항우는 "何如(어떠냐?)"라는 말로 본인의 의견에 강제로 모두를 동의시키고 회의를 끝냈다.

반면 유방은 본인의 신분적인 약점과 부족한 능력을 인정하고 중요한 모든 사안마다 참모들에게 "如何(어떻게 하지?)"라는 질문을 던지고, 그들이 하는 이야기를 경청하면서 의견을 나누고 가장 좋은 결과를 도출하려고 애썼다. 본인보다 능력이 더 출중한 자가 있으면 그를 기용하는 것 역시 꺼리지 않았다. 둘의 운명을 가른 차이는 바로 경청(傾聽) 능력이었다.

전 세계적으로 가장 많은 노벨상을 받은 것은 물론이고, 미국 명문 아이비리그 대학에 가장 많은 합격자를 배출하고 있는 유대인은 "마따호 쉐프"라는 말을 가정교육에서 제1의 덕목으로 삼는다. 이 말의 뜻은 "네 생각은 무엇이니?"이다.

옥스퍼드 마틴스쿨 칼 베네딕트 프레이(Carl Benedikt Frey) 교수와 마이클 오스본(Michael A. Osborne) 교수가 2013년 발표한 「고용의 미래 : 우리의 직업은 컴퓨터화(化)에 얼마나 민감한가」라는 보고서에 따르면, 감성이나 감정을 요구하는 직업은 미래에도 지속적으로 요구될 것으로 예측되었다. 예술가나 테라피스트, 레크리에이션 지도사, 연애 상담사가 대표적이다. 기계가 대체할 수 없는 인간의 영역을 찾아 특화시키는 것이 시대에 적응하는 방법이 될 수 있다는 의미다. 4차 산업혁명 시대에 가장 각광받는 사람들은 역설적으로 기술의 발전으로 말문이 막혀 가고 있는 사람들의 말을 경청해 주면서 그들의 마음을 어루만져 주는 사람들이 될 것이라는 얘기다.

한나라에서부터 현재에 이르기까지 연결되는 인재의 조건이 이제 감이 잡히는가? 그런데 우리 사회는 물질만능주의에 사로잡혀 행복은 남보다 유리한 자리를 차지하기 위한 경쟁에서 주변 사람들을 눌러 이겨야만 얻을 수 있는 것으로 배운다. 가정에서조차 내 이익을 좇는 방법만 가르치니, 이에 우리 아이들은 마음이 황폐해져서 남을 배려하는 마음을 잃어 가고 있다.

이제 부모부터 생각의 틀을 바꾸어야 한다. 공부 잘해서 좋은 대학에 가고, 그럼 좋은 직장에 들어갈 수 있고, 이로써 행복한 삶을 산다고 가르치는 것이 과연 미래 사회가 필요로 하는 인재의 조건일까? 아이들에게 창의력을 키우라고 학원에 보내는 것보다 중요한 것은 부모와 자녀 간의 경청하는 습관을 갖는 것이다. 이것이 4차 산업혁명 시대를 대비하는 자녀교육법이다.

대한민국 교육의
암울한 현실

밥을 거르고 등교한 덕에 지각은 면했다. 시간표를 보니 국어, 사회, 체육, 영어, 수학, 동아리…….그래도 다른 날과 비교하면 동아리 시간이 있고, 6교시로 끝나는 편안한 날이다. 오늘 어떻게 보낼까? 숙제는 다 해왔나? 아참, 사회 프로젝트 자료 제출일인데 안 가져왔다. 어쩌나, 엄마는 이미 출근했을 테고…….기간을 어기면 감점되는데, 할 수 없지 뭐.

등교 전, 집에서도 정신이 없었다. 어제 밤늦도록 특목고로 진학한 단짝과 학교생활에 대해 톡을 하다가 잠든 것이 원인이다. 엄마가 깨우는 소리를 들었지만 눈꺼풀이 떠지질 않았다. 친구랑 이야기하며 노닥거리다가는 다음 날 망한다. 흑흑. 아침에 엄마에게 짜증은 냈지만 엄마가 깨워 준 덕분에 지각은 면했다. 입학한 지 한 달 남짓. 고등학생이 된 후로 매일 반복되는 빡빡한 일과에 벌써 지친다.

정신없이 1교시 수업이 진행된다. 수업은 중학교 때와는 달리 잠깐 졸거나 딴 생각을 했다가는 남은 시간 내내 멍 때리기가 일쑤다. 수업 내용은 끝나는 종소리와 함께 머릿속에서 강물처럼 사라진다. 중학교 때는 모둠 수업을 하면서 배운 것을 다시 확인할 시간이 있었는데, 이제는 내용도 더 많고 무척 어렵다. 다른 아이들은 어떻게 그 어려운 내용을 이해하고 선생님께 질문도 하는지…….

처음엔 나만 수업 내용을 못 알아듣는 줄 알았다. 알고 보니 우리 반에서 수업 내용을 알아듣는 친구는 손에 꼽혔다. 대부분의 아이들이 잘 모르는데 알아듣는 것처럼 앉아 있다는 사실을 중간고사가 끝나면서 알게 되었다. 이것을 좋아해야 할지 슬퍼해야 할지……. 그래도 동지가 생겨서 마음은 편하다. 많은 아이들이 이해할 수 있도록 선생님이 천천히 가르쳐 주면 좋겠다. 나도 열심히 공부해서 부모님도 기쁘게 해드리고 좋은 대학도 가고 싶다.

수업이 끝난 후 독하게 마음 먹고 야간 자율학습을 시작하였다. 그런데 석식을 먹고 나면 많이 졸린다. 졸지 않으려고 30분 정도 운동하고 야자실에서 공부를 한다. 수업 시간에 배운 내용이 잘 이해되지 않아서 인강을 들으면서 다시 정리하다 보니 오늘 분량의 반도 못 했는데 벌써 11시다! 차라리 학원을 다닐까? 그런데 학원 다니는 친구들도 학원 숙제 하느라 모르는 것은 그냥 넘어간다고 하던데. 그럼 과외를 해야 하나? 불가능한 일이다. 엄마에게 죄송하고, 하루하루 작아지는 내 모습을 보며 우울하기만 하다.

사실 야간 자율학습이 공부가 잘되는 것은 아니다. 집에 가봐야 졸리기는 마찬가지고, 엄마 눈치를 보지 않아도 되니 야자를 하는 것이 마음이 편해서 있는 것뿐이다. 야자가 끝나고 밤늦게 가면 부모님도 좋아하시고, 학교에서 공부하면 어쩐지 스스로 대견하게 느껴진다. 친구들이랑 놀지 못하지만, 가능하면 늦게까지 야자를 하려고 한다.

─────────────── • 성적 최상위권 B군의 하루 • ───────────────

수학 과외가 밤 11시에 끝났다. 중학교 때는 공부 잘하는 아이로 통하면서 공부는 노력한 만큼 나오는 것이라고 자신했는데, 고등학교에 오니 괴물 같은 아이들이 눈에 띄게 늘었다. 얘들은 잠도 안 자나? 과제도 한 번도 빠뜨리지 않고 잘 해온다. 지고 싶지 않다. 잠을 안 자더라도 오늘 계획을 다 완수할 거다.

수학도 그날그날 해야 하고, 영어는 하루라도 밀리면 외울 단어 수가 감당할 수 없이 늘어난다. 그리고 학원 숙제도. 벌써 새벽 2시다. 하지만 독서인증제를 위해 책을 읽어야 한다. 국어 필독서와 과학 독후감도 이번 주까지 내야 하는데 아직 반도 읽지 못했다. 영어 프레젠테이션과 사회 보고서 쓰기도 해야 한다. 오늘도 밤을 새야 하나 보다.

일주일 내내 밤늦게까지 공부해도 그날 주어진 과제를 제대로 완수하기에는 시간이 턱없이 부족하다. 애초에 불가능한 일이 아닌가 하는 생각조차 든다. 이번 학기가 끝나기 전에 대학 필독서로 지정된 교양도서를 4권 읽어야 한다.

모두 어렵고 지루한 책들이다.

새벽 3시가 되어서야 잠자리에 들며 알람을 5시에 맞추었다. 일어날 수 있을지 모르겠다. 잠자리에 누웠지만, 내일 영어 프레젠테이션 발표를 완벽하게 못 할까 봐 걱정이 되어 뒤척이다 보니 내가 바보처럼 느껴진다. 열심히 하고 있지만 나의 무능함에 한숨이 절로 난다. 놀지도 않고 공부만 하는데 왜 이렇게 허덕일까? 이렇게 열심히 한다고 내신이 잘 나오는 것도 아니고, 국영수 모의고사 성적이 늘 1, 1, 1을 찍는 것도 아니다.

엄마는 겉으로는 잘될 거라고 말씀하시지만 고등학생이 된 이후로 엄마 역시 불안해하는 모습이 역력하다. 게임도 멀리하고, 좋아하는 축구도 하지 않고 매일매일 공부만 하는데. 난 아무래도 머리가 나쁜가 보다⋯⋯.

누구를 어떻게 가르칠까?

서울의 일반계 고등학교 학급의 학생 수는 평균 35명 내외다. 교사는 교실에서 35개의 소우주와 만나는 셈이다. 모두 다른 세상을 꿈꾸며, 다른 몫으로 사회를 짊어지고 나갈 아이들! 자세히 들여다보면 아이들의 머릿속과 가슴속은 각양각색이다. 학습 내용에 대한 경험치가 다르고, 학습 동기의 강도가 다르고, 습득에 필요한 시간도 제각각이다. 교사는 시시때때로 변하는 학생들의 컨디션이나 딴짓으로 수업 분위기를 어렵게 만드는 학생들을 고려하면서 수업을 진행해야 한다.

만약 한 시간에 해결해야 할 학습 요소가 두 가지 정도라고 가정할 때,

평가와 성취목표를 생각한다면 35명을 대상으로 개인 맞춤형 수업이 가능할까? 요즘 여러 가지 수업 모형이 제시되는 이유도 이런 물리적 조건을 극복해 보려는 의도에서 제안된 방안이지만, 이런 물리적 한계를 뛰어넘을 방법은 애초에 없다. 그래서 교사는 매시간 이 문제를 해결하기 위해 고민하고 또 고민한다.

학기 초에 교과서를 받고 수업과 평가를 생각하면서 학습 계획을 세울 때, 교사는 학생들의 수준을 이미 알고 있기 때문에 가르칠 내용이 참 많다고 생각한다. 그래서 과목의 특성을 살려서 흥미롭게 수업을 진행해 볼까 마음먹다가도 평가 결과에 집착하는 아이들이 떠올라 망설이게 된다. 학생들은 수업 내용이나 과정보다는 눈에 보이는 시험 성적에만 매달리는 경향이 강하다. 성적에 낙담하여 그 과목을 아주 포기해 버리거나 반대로 1점에 목을 매며 일희일비하는 아이들. 당장 대학 진학이 목전인 아이들의 조급함을 이해하면서도 과정 없이 결과가 나오지 않는다는 것을 이해시키기가 무척 힘이 든다.

요즘 서울을 비롯한 지방자치 교육청에서는 '모두가 행복한 학교'를 추구하지만, 경쟁과 효율성의 원칙에서 밀려난 학생들이 설 자리는 여전히 좁다. 고등학교 수업은 입시에 맞추어 진행되는 경우가 대부분이고, 입시 결과가 중요한 학교는 상위권 학생들에게 초점을 맞추다 보니 다수의 중·하위권 아이들은 소외 당한다. 대학 입시라는 절대적 명제

앞에서 출구가 하나밖에 없는 일반고의 현실은 더욱 암울하다. 아이들은 대학을 안 가는 것이 아니라 못 가는 것이다. 누구나 원하는 소위 이름 있는 대학을 갈 수 있는 아이들은 극소수인데, 대부분의 수업이 이들 극소수에게 맞춰져 있다. 나머지 아이들이 이들의 수준을 따라가야 하는데, 본인의 수준에 맞지 않는 수업에서 좋은 결과를 만들어 내는 것은 매우 어렵다.

현재와 같은 상황에서 대학에 진학하지 못하는 아이들이 우리에게 필요한 수업을 진행해 달라고 요구하면 어떻게 할 것인가? 달리는 말 위에 앉아서 뒤따라 걸어오는 아이들에게 너희들도 열심히 뛰면 따라잡을 수 있다고 말하는 현재의 상황이 폭력적이라고 생각하지 않는가? 공부 잘하는 소수를 위해 다수가 희생하는 구조는 언제쯤 사라질까?

일반고에서 절반 이상의 학생들은 사실상 대학 진학이 쉽지 않다. 그리고 이 아이들에게 학교 수업은 난이도가 맞지 않아서 열심히 한다고 해도 상위권 학생들보다 에너지가 배는 더 들어간다. 교육받을 의무는 강조하면서 그들의 학습권은 무시하는 것이 우리 교육의 현주소다.

교사 역시 이런 문제를 잘 알고 있지만 개인의 노력으로 개선될 수 있는 부분이 아니기에 한계를 느낄 때가 많다. 우리나라 교육의 현실적 목표가 대학 입시에 맞춰져 있는 한 이런 구조는 바뀌지 않을 것이다. 대학에서 학생 선발 기준을 바꾸지 않는 한 학부모도 학생도 교사도 그 안에서 힘겨울 뿐이다. 황새는 황새의 속도로, 달팽이는 달팽이의 방법으로, 굼벵이는 굴러서 행복하게 한 세상 살아갈 수 있는 교육, 그런 넉넉하고 다채로운 교육 환경에서 아이들을 가르치고 싶다.

고등학교 교사의 수업 들여다보기

J교사는 3월이 되면 늘 감사로 새 학기를 시작한다. 출근할 학교가 있고, 수업 시간에 나를 바라보는 아이들이 있고, 나를 필요로 하는 가정과 세금 낼 국가가 있음에……

3월 둘째 주 수업 시간. 오리엔테이션과 맛보기 수업이 끝나고 오늘은 과제와 노트 정리, 학습 방향을 확인할 시간이다. 수업에 임하는 학생들의 태도는 약간의 긴장 상태를 유지하는 것이 최상의 결과를 가져온다는 생각에서 학생들과의 밀당을 준비한다. 학생들이 좋아하든 싫어하든 시작과 동시에 바로 입실! 밝은 얼굴로 인사하고 학생들의 상황을 점검한다.

"교과서, 노트, 과제, 이 중 하나라도 빠뜨린 사람 신고하기!"

고3 남자반. 예상대로 10명이 넘는 아이들이 일어선다. 3월이 지나면 더 많은 학생들이 수업에 참여하지 않을 것이다. 학생들과 함께 세운 규칙이라고는 하나 대부분 교사가 의견을 내고 학생들이 따르는 형식이니, 못 지키는 아이들이 많을 것이라고 예상했었지만 짐짓 무게를 잡는다.

"여러분, 고3 맞아요? 이게 뭡니까? 공부는 선생님이 하는 게 아닙니다."

"……"

"재현이, 뭘 안 한 거지?"

"책을 안 가져왔습니다."

"책 안 가져왔으면 숙제도 안 했을 테고 노트도 없을 테고. 책 안 가져오면 어떻게 하라 했지요?"

"교무실 와서 프린트 가져가라 했는데요, 체육 시간에 이동하느라 깜빡했습니다."

애초에 학생들을 용서해 줄 생각이었으므로 가벼운 압력만 주고, 지금 하는 공부가 왜 중요한지 말문을 열며 수업을 시작한다.

"선생님도 여러분이 비문학 독해 재미없어 하는 거 다 알아요. 하지만 내신에도 그대로 반영되고, 수능에서 50% 이상을 차지합니다. 더구나 요즘엔 고난이도 문제는 거의 비문학에서 출제되니 소홀히 해서는 안 되죠. 그리고 여러분이 대학을 가든 취직을 하든 읽어야 할 전공 도서나 업무 자료들이 대부분 비문학 읽기입니다. 다음 시간에는 약속 지키고 과제를 꼭 수행하도록!"

"네."

"그럼 수업 시작합니다. 1분 30초 말하기, 오늘은 선생님이 준비했습니다."

"선생님, 질문 있어요! 1분 30초 말하기, 시험에 나와요?"

"출제되지 않고, 수행평가도 아닙니다."

"그런데 왜 해요?"

"말하기 능력, 의사소통 능력은 살아가는 데 매우 중요하고, 대입에서는 면접에 상당히 도움이 됩니다."

"내신 쌓기도 바쁜데 그딴 걸 왜 해요?"

"우리가 공부하는 목적이 시험을 잘 보기 위한 것만은 아닙니다. 공부를 하면서 국어 능력도 높이고 시험을 준비하는 것이죠. 국어 능력이 향상되면 시험도 자연히 해결됩니다. 아직도 이해가 안 되면 시간 끝나고 교무실로 와서 계속 이야기 나누기로 하고 수업합시다. 오늘 해야 할 것이 많아요."

고3이 되면 아이들은 마음이 조급해진다. 위와 비슷한 상황은 고3 교실뿐만 아니라 학교 현장에서 종종 만나는 장면이다. 특히 공부를 잘하고 싶지만 목표한 대로 성적이 나오지 않는 아이들은 기회만 있으면 삐쭉거리면서 투정을 부린다. 서두른다고 되는 것이 아닌데, 참 안타깝다. 이런 아이들 대부분이 학원에서 보충학습을 하는 경우가 많은데, 문제 몇 개 더 푼다고 실력이 쌓이는 것은 아니다. 절대적으로 공부 양이 부족한 아이들은 문제 풀이라도 하면 성적이 올라갈 수 있지만, 문제 풀이 위주로 학습하면서 학교 공부를 소홀히 할 경우에는 일정 수준 성적이 향상된 이후로 어느 순간부터는 제자리걸음, 아니 뒷걸음질하는 경우가 더 많다.

우리 교육의 블랙홀, 대학 입시

기대 반 걱정 반으로 시작한 고등학교 생활, 아이들보다 엄마가 더 불안해하고 초초해한다. 고등학교 첫 중간고사나 전국 모의고사에서 아이의 성적이 기대에 못 미치면 그날부터 부모님과의 말다툼이 잦아지고, 집안 분위기가 암울해지는 경우가 많아 아이들은 마음을 졸인다. 심지어 어떤 가정은 엄마와 아이가 합심하여 아빠에게 성적을 속이는 경우도 있다. 상황이 이렇다 보니 다른 아이는 가만히 있고 우리 아이만 성적이 오르는 비법이 있다면, 엄마들은 빚을 내서라도 시키고 싶은 심정이다. 하지만 그런 비법은 없다. 교육은 살아 있는 생명체와 같아서 누구에게 잘 맞는 방법이 누구에게는 좋지 않은 결과를 낳기도 한다.

그럼에도 불구하고 대부분의 부모들은 대입이라는 지점을 무사히 통과하기만을 바라면서 최소한 남만큼은 뒷바라지를 하려고 애쓴다. 아이의 성적이 좋으면 명문대를 기대하면서 더욱 밀어붙이고, 성적이 고만고만하거나 하위권일 때에도 진로 방향을 바꿀 생각은 거의 하지 않는다. 이래저래 공부를 잘하건 못 하건 아이들은 매일 더 계속하라는 강요 속에서 3년을 보낼 수밖에 없다.

남들보다 앞서기 위해서는 조금이라도 일찍 시작하는 방법밖에 없다고 생각하고, 공부에 대한 압박은 매년 빨라져서 이제는 초등 3학년부터 입시 준비를 시작한다는 이야기도 있다. 초등학교에서 심혈을 기울이는 인성교육 프로그램과 다양한 체험학습은 초등 1, 2학년까지만 선호하고,

초등 3학년으로 올라갈 무렵이면 사교육 인프라가 잘 조성된 동네로 전학을 가는 학부모가 많은 것이 우리네 현실이다.

고등학생이 된 후에는 아이의 상황이나 소질, 적성과 같은 진로에 가장 중요한 요소들에 대한 현실적 판단은 뒤로 미룬 채, 당장 학원으로 쫓아가서 상담을 받고 사교육에 의지한 채 입시 공부만 하면서 불안하고 초조하게 3년을 보낸다. 간혹 아이가 공부 이외의 다른 활동을 생각하는 순간, 부모와의 사이는 나빠진다. 부모조차 지금의 대학 입시 위주 교육이 정말 최선일까 회의가 들 때도 있지만, 학부모로서 대입은 포기할 수 없는 부분이기에 자식을 위한 최선이라고 스스로를 다독인다.

대체로 교사들은 학부모와 상담할 때 아이의 성적을 중심으로 이야기한다. 부모의 마음을 누구보다 잘 알고 있을 뿐만 아니라, 한편으로 부모님과 합심해서 학생의 성적 향상에 조금이라도 도움을 주고 싶기 때문이다. 교사들은 고등학교 졸업 후의 진로에 대해서도 고민하고 있기에 대학 진학이 어렵거나 한 분야에 뚜렷한 소질을 보이는 아이가 있을 경우에는 상담 중에 이런 의미를 담아 진로를 다른 방향으로 돌려 보지 않겠느냐고 제안할 수 있다. 그러나 대부분의 부모들은 이에 동의하지 않는 분위기인지라 이런 말을 꺼내기가 쉽지 않다. 우리 사회에서 대학을 나오지 않으면 어떻게 하겠느냐고 반문하며, 내 아이를 벌써 포기한 나쁜 선생님이란 따가운 시선을 주거나 몹시 낙담하기 때문이다.

교사들은 아이의 미래를 위해 최선이라는 확신도 없으면서 현재 눈앞의 결과에만 연연하는 것이 몹시 안타깝다. 공부 말고 또 다른 가능성을 지닌 아이들에게 대학만이 전부인 듯 압력을 가하여 아이들을 지치게 하고, 갈등 속에서 서로 상처 받으며 살고 있는 것에 대하여 좀 더 여유를 가지고 생각해 볼 일이다.

기다림의 미학은 어디로 갔을까?

교사는 수업을 계획하고 진행할 때 학생들을 꼼꼼하게 들여다보며 아이들의 현재 상태를 파악하는 것부터 시작한다. 아이들이 수업의 주체로서 살아 있는 수업을 기획하기 위해서이다. 수업을 진행할 때에는 아이들이 성취목표에 도달하고자 노력하고 성장할 때까지 기다리면서, 의미를 부여하고 아낌없는 칭찬으로 격려하는 과정이 필요하다. 아이들의 현실적 요구를 반영하느라 수업 본연의 가치를 놓칠 때도 많지만, 하루를 시작할 때면 늘 다시 원점에서 아이들의 성장을 고려한 수업을 계획하고 점검한다.

가르침의 근본은 기다림이다. 억지로 밀어붙이다가는 역효과가 나는 경우가 더 많다. 되돌아보면 우리 아이들은 쉬지 않고 성장해 왔다. 눈만 깜박이던 아이가 방글방글 웃고, 힘껏 뛰어다니고, 묻는 말에 대답하고, 조리 있게 자기 의견을 말하는 아이로 자라나지 않았는가? 그런데도 우리는 아이의 성장을 기다리지 못하고 다른 아이들처럼 하지 못한다고 안달복달하다가 소중한 아이들을 고생만 시키고 있는 것은 아닌지 생각해 볼 일이다. 엄마의 눈에, 교사의 눈에 느리게 성장하고 있는 것처럼 보일지라도 우리 아이들이 내면을 넓히고 있다고 생각하면 어떨까?

나는 초등 1학년 때 몸이 많이 약해서 결석이 잦았다. 날씨가 흐려서 아침인지 해거름인지 구별이 가지 않는 날이면 누워 있던 나를 보고 5학년이던 오빠가 장난을 걸었다.

"야! 그만 자고 일어나 학교 가야지."

가방을 챙겨 힘없이 학교 간다고 대문 앞에 나설 즈음 "쟤는 왜 맨날 속아 넘어가냐."는 소리가 들렸다. 맥없이 돌아와서 마루에 털썩 주저앉으면 킥킥거리던 오빠는 아픈 동생 놀린다고 엄마에게 혼쭐이 났다. 그렇게 일 년을 보내고 1학년 성적표를 받아 보니 대부분 '미'였다. 어린 나이라 성적에 별로 관심도 없었지만 아버지는 달랐다. 내 성적표를 보고 한동안 눈을 감고 생각에 잠기신 듯싶더니 다정하게 웃으시며 "2학년이 되면 우는 수가 되고, 미는 우가 될 거다. 기죽을 필요 없다."고 하셨다. 지금 생각해 보면 아버지는 걱정보다는 격려로 딸이 성장하기를 기다리셨던 것 같다.

나 역시 부모가 되어 아이를 키우면서 기다린다는 것이 얼마나 힘든 일인지 새삼 느끼게 된다. 아이의 성적이 떨어지면 "너 그럴 줄 알았다. 공부는 뒷전이고 매일 딴짓만 하더니 이게 뭐냐!"는 말부터 나온다. 자신도 모르게 아이를 닦달하고는 이내 너무했나 싶은 후회와 한숨으로 하루를 보낸다. 엄마들도 알고 있다. 아이도 지금 많이 힘들다는 것을, 야단칠수록 비뚤어질 수 있다는 것을, 아이와 사이가 나빠져서 본래의 자리로 되돌아오기가 점점 어려워진다는 것을. 아이는 키우는 것이 아니라 스스로 자라는 것이란 옛 어른들의 말씀이 크게 다가온다. 부모가 자식을 키운다는 것은 교만이다. 자식이 자라는 것을 보는 것은 감사한 일이다.

새로운
세상이 온다

──────────── • 엄마표 기업가 정신 수업 • ────────────

딸아이가 다니는 중학교의 부모 수업에서 '기업가 정신' 교육을 받았다. 빠르게 변화하는 사회에서 아이의 진로를 함께 고민하고자 참가한 수업이었는데, 엄마들은 문화 충격을 경험하였다.

우리 아이들이 살아갈 미래 사회는 학교 공부 열심히 하고 성실히 노력하면 성공한다는 공식이 더 이상 통하지 않을 것이며, 훨씬 복잡하고 변화가 빨라 명문대 진학도 성공의 정답이 될 수 없고, 현재의 교육만으로는 턱없이 부족하다는 사실을 알게 되었다. 우리에게 익숙한 일자리들이 많이 사라지고 새로운 일자리가 창출되는데, 그중에 부모들이 선호하는 의사, 약사, 판사, 변호사 같은 전문직조차 인공지능(AI)이 대체할 것이라는 전망은 자녀교육의 근본 방향을 흔들었다.

지금 우리 아이들에게 필요한 것은 국·영·수 공부보다 인간만이 가진 창의성, 변화하는 세상에 대처할 수 있는 도전정신과 실행력을 길러 낼 수 있는 교육이란 것을 깨달았다. 단순한 문제 풀이 능력이 아니라 자기 앞에 닥친 문제를 주도적으로 해결할 수 있는 능력! 그것은 교과서로 배울 수 있는 것이 아니다. 삶에서, 실전에서 때로는 실패를 경험하면서 체득해 나가야 한다. 우리 아이들에게 꼭 필요하지만 교과서에는 없는 수업, 그것을 우리 엄마들이 직접 가르쳐 보면 어떨까? 이런 생각으로 백퍼센트 실행 중심의 엄마표 기업가 정신 수업이 탄생하였고, 현재까지 ㅇ중학교 자유학기제의 '미니컴퍼니' 수업으로 진행되고 있다.

엄마표 수업의 특징은 모든 학생이 내 아이라는 생각으로 온 정성을 쏟아서 공유문화를 이해할 수 있도록 돕고, '만 원 프로젝트'를 통해 아이디어의 가치와 협업 능력을 기르도록 하는 것이다. 스탠포드 대학교의 '5달러 프로젝트'를 응용한 '만 원 프로젝트'는 1만 원을 투자하여 자신들의 아이디어로 돈을 벌어 보는 경험이다. 주 강사와 보조 강사, 총 3~4명의 엄마들이 팀을 이루어 아이들이 문제에서 기회를 찾고, 자신들의 아이디어로 그 문제를 해결하도록 돕는다. 프로젝트 실행 후, 각 팀의 결과를 발표하는 쫑파티 시간에는 아이디어의 참신성과 협업 능력, 수입 등 모든 요소를 고려하여 친구들의 투표로 우수한 팀을 뽑는다.

경험이 없는 아이들이 처음부터 기발한 사업 아이디어를 내기는 어렵다. 그래서 '만 원 프로젝트'의 다양한 성공 사례들을 벤치마킹하기도 하는데, 따라 해보는 과정에서도 많은 것을 배울 수 있고, 선배들이 자신들의 노하우를 알려 주기도 한다. 태어나서 처음 돈을 벌어 보는 아이들이 대부분이지만, 공부에는 관심이 적어도 사업에는 관심이 많은 아이들도 있다. 친구들과 머리를 맞대고 사업을 기획하는 아이들의 눈은 프로젝트가 진행되는 내내 빛이 난다.

미래에 어떤 어려움이 오더라도 도전하고 해결할 수 있는 힘은 몸으로 부딪히고 실행해 보는 연습이 최고라고 생각한다. 기업가 정신 수업을 통해 그런 생각의 근육을 키울 수 있다고 믿는다.

미래 사회에 대해서 이야기하는 수많은 책들이 미래는 우리가 예상하는 것보다 훨씬 더 빠르고 광범위하게 변화할 것이라고 예고한다. 2016년 봄, 우리는 이세돌 9단과 알파고의 대국을 잊지 못한다. 인공지능의 발전 속도는 상상을 초월하여, 그 세기적 대결 이후 전 세계 어느 기사도 알파고를 이기지 못했다.

미래의 우리 아이들은 먹지도 자지도 않고 24시간 무서운 속도로 일만 하는 인공지능과 경쟁해야 한다. 그동안 인간이 담당해 왔던 힘들고 고된 일을 로봇이 대신하고, 질병의 고통으로부터 해방되는 등의 장밋빛 전망과 함께 편리하고 좋은 점도 많을 것이다. 그러나 빛이 있으면 그림자가 생기듯, 인간의 노동 가치는 급격히 하락하고, 결국 인간만이 가진 고유의 특성으로 인공지능과 승부해야 하는 시대가 다가올 것이다.

4차 산업혁명의 변화는 위기이자 기회가 될 수 있다. 인류가 아직 이해하지 못하고 제어하기도 힘든 새로운 세상에서 우리 아이들이 살아가야 한다는 것이 부모 입장에서는 두렵기만 하다. 앞으로 어떻게 아이들을 키워야 할까?

부모와 다른 아이들

자기만의 우주를 창조하는 사람을 천재라고 한다. 처음 스마트폰을 개발한 스티브 잡스(Steve Jobs)도 그런 사람 중 하나였다. 우리는 새로운 시장과 문화를 개척한 스티브 잡스를 미래의 새로운 인재, 창의성과 혁신의 아이콘이라 부르며 열광했다.

그런데 요즘은 아이들의 스마트폰을 단속하느라 골머리를 앓다 보니 스티브 잡스가 원망스러울 지경이다. 도깨비 방망이처럼 폰만 열면 손 안에 펼쳐지는 요지경 세상은 아이들의 눈과 귀를 사로잡아 어떤 것보다도 강력한 흥밋거리를 제공한다. 아이들은 더 이상 밖에서 땀 흘리며 뛰어놀지도 않고, 온 정신을 집중하여 책을 읽거나 가만히 자기만의 상상의 세계로 빠져들지도 않는다. 그저 틈만 나면 스마트폰을 들여다본다. 학교에서는 스마트폰에 빠진 아이들 때문에 수업을 진행하기 어렵고, 길을 가면서도 스마트폰을 보느라 주의가 떨어진 스몸비(스마트폰 좀비를 일컫는 말) 때문에 사고가 급증하여 안전에 위협을 받는다. 친구를 만나도 몸으로 부대끼며 놀기보다는 각자 자신의 스마트폰을 가지고 논다. 심지어는 옆에 있어도 카톡으로 대화한다. 사람과 직접 접촉하지 않고 스마트폰을 매개체로 노는 아이들, 부모들에게는 마치 외계인처럼 낯설기만 하다.

감당하기 힘든 속도로 변화하는 디지털 세상은 종종 부정적인 편견과 두려움을 주기도 한다. 『가장 멍청한 세대 : 디지털은 어떻게 미래를 위태롭게 만드는가』[7]의 저자인 마크 바우어라인(Mark Bauerlein) 교수는 "정보는 넘쳐나지만 젊은 세대들은 점점 무지해진다."고 꼬집었다. 한마디로 젊은 세대가 디지털 기기에 빠져서 책을 읽지 않는 탓에 무식을 넘어 지적 하락이 심각하다는 것이다. 이외에도 "인내심이 없고 산만하다, 인터넷에 중독됐다, 폭력적이다, 인생에 대한 가치나 생각이 없다"는 등의 여러 가지 부정적인 시선들이 있는데, 자신들이 이해하지 못하는 것을 두려워하는 기성세대의 자연스러운 반응이라고 보는 의견도 있다.

『디지털 네이티브 : 역사상 가장 똑똑한 세대가 움직이는 새로운 세상』[8]를 저술한 돈 탭스콧(Don Tapscott) 교수는 이런 현상을 '넷 세대 공포증(NGenophobia)'이란 용어로 표현하였다. 사람은 누구나 자신이 이해하지 못하는 것을 두려워하며, 두려움은 비합리적인 행동을 낳고, 적대적으로 변하게 해서 두려움을 일으키는 원인을 공격할 수 있다고 한다. 이 말은 부모들이 종종 자신들이 이해하지 못하는 자녀의 행동을 지나치게 두려워하여 비합리적으로 과잉 대응하는 점으로 이해할 수 있다. 곰곰이 자신을 들여다보자. 부모가 디지털 세상에 익숙하지 못하기에 지나치게 부정적인 편견의 시선으로 자녀를 불안하게 바라보는 것은 아닌지 말이다.

어려서부터 디지털 기기를 가지고 놀았던 아이들의 뇌는 부모들의 뇌와 다르다고 한다. 그들은 여러 가지 작업을 동시에 처리하는 멀티태스킹에 능하고, 비디오 게임으로 단련된 뛰어난 시각 처리 속도를 지녔다. 비디오 게임은 손과 눈의 협응력을 높이고 반응 시간을 단축시켜 주며 시야를 넓히는 데 도움을 준다. 그래서 마치 건축가나 엔지니어, 조각가처럼 입체적으로 사물의 이미지를 그리는 공간 기술 능력이 뛰어나다. 요즘 온라인 게임들은 엄청난 협력과 데이터 관리, 전략이 필요해서 오히려 머리가 좋아진다는 연구 결과도 있다. 디지털 세대의 뇌는 유연하고, 적응력이 강하며, 멀티미디어의 이해에 잘 맞는다.[9]

재미있는 예로, 아이들은 게임을 처음 접하면 일단 뛰어들기 시작한다. 하다가 이해 못 하는 게 생기면 그때서야 설명서를 찾아서 읽는다. 반면 나이 든 성인들은 설명서부터 읽고 게임을 시작한다. 이것이 사고 방식과 실행 방법의 차이를 가져온다. 어른들이 책을 통해 사고력을 길렀듯이, 아이들은 디지털 기기를 통해 빠른 스캔 능력과 멀티태스킹, 협업 능력을 키워 나간다는 것을 부모들은 받아들일 수 있을까? 온라인 게임에 빠진 아이를 키우는 엄마들은 오늘도 한숨을 쉬지만, 어쩌면 아이들은 부모와 다른 방식으로 사고하고 정보를 처리하면서 자신들의 뇌를 발달시키는 중인지도 모른다.

디지털 원주민 키우기

'카페인 중독'이란 말이 있다. 커피를 많이 마시는 사람을 뜻하는 것이 아니라, 카카오톡·페이스북·인스타그램 등의 SNS(Social Network Service)에 중독된 사람을 뜻하는 신조어이다. 실시간으로 전 세계 사람들과 소통하고 다양한 정보를 공유하는 장점도 있지만, 사생활 침해, 남에게 보여주기 위한 삶, 다른 사람의 일상에서 느끼는 상대적 박탈감 등 디지털 세상의 그늘을 그대로 받고 자라는 것이 요즘 아이들이다. 그럼에도 친구를 사귀려면 SNS 없이는 거의 불가능하다.

요즘 남자 중학생들에게 가장 심한 욕은 "게임 못 한다"는 것이라고 한다. 아이들 표현으로는 '게임 존심'이라고 하는데, 공부 못 한다는 말은 큰 수치심을 불러일으키지 않지만, 게임을 못 한다는 말은 남자 중학생들에게는 아주 치욕스러운 말로 여겨진다. 그래서인지 남학생들에게 모바일 앱에 대한 아이디어를 과제로 내면 대다수가 전략 게임 쉽게 적응할 수 있도록 돕는 앱, 아이들 표현으로 '게임 노가다'를 대신해서 레벨을 올려 주는 앱, 나에게 맞는 게임 추천하기 앱 등 거의 게임과 관련된 것이다. 몇 명이 조를 짜서 단체로 하는 롤(LOL) 게임을 통해 사회성을 배우고, 어른들이 애니메이션이나 책을 읽고 상상력과 사고력을 키우듯이 전략 게임을 통해 사고력을 키우고 있다.

이러한 특징을 가진 신인류를 'Z세대'라 부르는데, 이들은 1990년대 중반부터 2010년대 초반에 태어난 아이들로, 태어날 때부터 디지털 환

경 속에서 자랐다는 뜻으로 '디지털 원주민(Digital Native)'이라고도 불린
다. 2000년대 초반 IT기술이 사회적 붐을 이룰 때 유년 시절을 보내서
디지털 기술을 사용하는 데 익숙하고, 소비 활동에도 적극 활용하고 있
으며, SNS를 통해 적극적으로 외부와 소통한다.

　이들은 특히 스마트폰이나 태블릿 같은 모바일 기기를 많이 사용하며
유튜브 등의 동영상 콘텐츠를 즐긴다. 단순히 콘텐츠를 소비하는 것을
넘어서 적극적으로 콘텐츠를 제작하기도 해서 1인 미디어 시대를 주도
하고 있다. 또한 일상이 24시간 디지털과 연결되어 있기 때문에 현실과
디지털 세계와의 경계도 뚜렷하지 않다. 문자보다 시각적 이미지에 즉
각적인 반응을 나타내며, 세계적 금융 위기와 테러 등 위기 환경에 많이
노출되어 있고, 기성세대보다 현실적이고 독립적이며 창업가적 성향이
강하다고 한다.

　디지털 세대를 긍정적으로 바라보는 돈 탭스콧 교수는 이들 디지털 원
주민의 특징을 여덟 가지로 정리했다.

- 그들은 모든 일에서 '자유'를 원한다. 선택의 자유부터 표현의 자유
  까지 다양하다.
- 맞춤화하고 개인화하는 것을 사랑한다. 일자리를 비롯한 모든 것
  을 그들의 취향에 맞춰 바꿀 수 있기를 바란다.
- 미디어에서 보고 읽은 모든 것을 철저히 조사하는 새로운 감시자다.

- 무엇을 사고 어디서 일할지 결정할 때 기업의 성실성과 정직함을 중요하게 여긴다. 즉 기업의 가치와 소비자의 가치가 일치하기를 바란다.
- 일, 교육, 사회생활에서 엔터테인먼트와 놀이를 원한다.
- 집단 지성의 시대라는 말처럼 협업과 관계를 중시한다.
- 매사에 스피드를 추구한다. 실시간 대화, 즉각적인 반응, 빠른 커뮤니케이션을 기대한다.
- 혁신을 주도한다. 실시간으로 협력하고, 즐기고, 배우고, 학습할 수 있는 방법들을 찾는다.

개인의 선호와 취향이 확실하고 새로운 소비 주체로 떠오른 Z세대는 새로운 세계를 창조해 나가는 주역이 되고 있다. 일방향의 TV나 라디오를 접하면서 규범적이고 통제된 세상에서 자라던 부모들과 다르다. 아이들은 무한한 상상력을 바탕으로 웹 공간에서 자신들의 생각을 자유롭게 표현하며, 때로는 공유하고 협력하며 그들만의 새로운 문화를 만들어 가고 있다.

부모가 자신과 다른 아이의 모습을 보며 불안하고 두려움마저 느끼는 것은 당연한 반응이다. 부모에게 다가올 미래는 적응하기 힘들고 이해하기에는 더욱 벅차다. 그래서 자신들에게 익숙한 방법을 자녀에게 적용시키려 하는지도 모른다. 그러나 우리 아이들은 부모와는 다른 세상을 살아가야 한다. 사람은 자신이 태어난 환경에 본능적으로 잘 적응한다. 미래에 대처하기에는 부모보다 아이들이 전문가이고, 그것은 생명이 가진 선천적인 능력이라고 생각한다. 그러므로 자녀들이 어려움 앞에서 지치지 않고 도전해 나가고 문제를 해결할 수 있도록 몸과 마음을 건강하게 키우는 것이 제일 중요하다고 할 수 있다.

2장

현재,
우리 교육에
바란다

살아온 기적이
살아갈 기적이 된다.
사노라면
많은 기쁨이 있다.
　　　　　－ 장영희

부모와 교사,
어렵고도
먼 사이

결혼 10년 만에, 불혹의 나이에 귀하게 얻은 자식을 잘 키워 보고 싶었던 나는 임신 기간 동안 온갖 육아서를 섭렵했다. 조기교육이란 미명하에 한글부터 시작해 각종 악기와 운동까지 7~8개의 학원을 보냈다. 아이가 초등학교에 입학한 후부터는 새벽 6시에 깨워 교과목 예·복습으로 자체 0교시 수업을 시키고 학교에 보냈다. 일기, 독서록, 체험 보고서와 기행문은 해외 여행지에서도 빼먹지 않았다. 수학 문제집은 매일 할당량을 주었고, 여러 번 반복해서 풀렸다. 한마디로 아이의 성적이 곧 내 성적이었다.

이제 와 생각하니 기행문을 쓰기 위한 여행이나 보고서를 위한 체험학습이 아이에게 즐겁기는 했을까? 독후감을 강요당한 책읽기가 얼마나 재미없고 부담이 되었을까? 그럼에도 나는 그것이 아이를 잘 키우기 위한 최선의 방법이라 생각했고, 남들보다 뒤처지지 않기 위해 하루도 빠짐없이 열심히 뒷바라지를 하였다.

그런데 이런 일과가 어느 날부터 전쟁으로 바뀌었다. 딸은 더 이상 예전의 말 잘 듣던 아이가 아니었다. 모녀의 실랑이는 일상이 되었고, 결국 엄마가 백기를 들고 모든 것을 내려놓아야 하는 날이 왔다. 내가 도대체 무엇을 잘못한 것일까? 아이에 대한 좌절감과 실망으로 텅 빈 가슴을 어쩌지 못해 학교의 어머니 독서회와 아카데미의 문을 두드렸다.

어머니 독서회 활동을 통해 또래 엄마들과 생각을 나누면서 그동안 내가 강요한 책읽기가 아이에게 고문이었음을 깨달았다. 진로교육과 부모교육을 받으면서 나의 강박적인 교육관이 아이를 얼마나 고통스럽게 했는지 깨달았지만, 고등학생 학부모로서 성적에 대한 불안에서 아직도 완전히 자유롭지는 못하다. 그렇지만 중학교 3년의 학부모 아카데미 수업을 통해 변화하는 미래에 대해서 공부하고, 새로운 기업과 문화를 창조하는 창업가들을 만나면서 성공한 인생과 아이의 진로에 대한 관점이 많이 바뀌었다. 무엇보다 아이를 키우면서 잊고 있었던 나의 꿈도 다시 생각하게 된 시간을 만났다.

엄마인 내가 사회에 도움이 될 수 있는 방법이 무엇일까? 다행히 우리 모녀는 봉사활동을 좋아하는 공통점이 있었다. 아이의 성적에 대한 욕심은 내려놓고, 3년 동안 진심을 다해 아이와 함께 봉사활동에 참여했다. 특히 녹색어머니회나 경찰청의 부모 활동은 아이들의 안전이 걸린 문제이기에 엄마의 마음으로 정성을 기울였다. 열심히 하니 내게도 기회가 찾아왔다. 교육청의 급식 모니

터링 전문 요원으로 선발되어 각 학교의 급식을 점검하고 전문성도 살릴 수 있게 되었다. 엄마의 입장에서 꼼꼼히 검수하되, 조리사나 영영사의 고충도 읽을 줄 아는 삶의 지혜와 연륜을 발휘할 수 있었다. 일한 만큼 수당도 주어지고 사회적 보람도 커서 나 자신에 대한 자존감이 높아졌고, 무엇보다 남편과 딸이 나를 대하는 시선이 많이 달라졌다.

교육 현장에는 엄마의 재능이 쓰일 곳이 수두룩하다. 학교도 사회도 엄마를 필요로 한다. 아이와 함께 봉사하고 성장하는 엄마의 멋진 모습을 보고, 전쟁 같은 갈등의 시간을 보낸 딸이 요즘은 엄지 척을 해준다.

시대가 변하면서 학부모와 교사 사이에도 많은 변화가 생겼다. 과거에는 군사부일체(君師父一體)라며 서로를 존중하고 스승의 권위를 인정하던 사이였는데, 어느 날부터 자녀에 대한 시각차를 두고 갈등 관계가 되어 버렸다. 고입과 대입 등 상급 학교 진학 문제가 걸린 학교생활기록부를 사이에 두고 때로 그 갈등은 첨예하고 심각하기까지 하다. 학교생활기록부에 예민해진 학부모는 교사의 전문성과 인성, 때로는 공정성까지 의심하기 시작했고, 교사는 학부모를 자기 자녀만 생각하는 이기적인 존재로 치부하는 경향이 생겼다. 각자의 입장에서 겪은 불쾌한 경험들이 쌓여서 전체를 일반화하고 오해하는 편견의 계기가 되어 버린 것 같아 안타깝다.

부모는 자기 아이를 가장 잘 안다고 생각하지만, 한편으로 가장 모르는 존재이기도 하다. 특히 고등학생이 되면 집에서보다 학교에서 절대적으로 많은 시간을 보내는데, 그 모습이 어떠한지 부모는 알 수가 없다. 아이의 말만 듣고 아이의 입장에서만 바라보면 상황을 객관적으로 보기 힘들 수도 있다. 사춘기 아이들의 특징 중 하나가 세상을 자기 중심적으로 바라보고 판단하는 것이기 때문에 아이는 자기 입장에서 변명을 늘어놓기 쉽다. 그래서 아이의 말만 믿고 학교에 대응하다 보면 이기적인 부모라는 인상을 주게 되는 것 같다.

부모가 내 아이를 믿고 지지하는 것은 중요하지만, 아이가 자기중심적일 수 있다는 부분도 인지하면서 상황을 판단하는 것이 필요하다. 그리고 부모는 학교와 교사를 신뢰하려는 노력이 필요하다. 부모가 학교를 우습게 여기는데 아이가 학교에서 최선을 다하기는 어렵지 않겠는가. 학부모로 첫걸음을 떼는 순간부터 부모는 한결같은 바람으로 내 아이가 좋은 선생님을 만나기를 간절히 염원한다.

이런 선생님을 기대한다

학교가 원하는 교사는 안정적인 직장을 추구하는 직업인이 아니라 학교와 학부모, 학생이 필요로 하는 사명감과 열정을 갖춘 교사이다. 뛰어난 능력과 자질보다 아이들과 얼마나 긍정적인 관계 속에서 신뢰를 맺고 소통하는가가 더 중요하다. 교사와 학생은 가르치고 배우는 관계를 넘어서 진로, 인생, 고민거리 등을 상의하며 긍정적 교감을 나눌 수 있어야 한다. 때로는 인생의 선배, 성숙한 어른으로 다가서야 한다. 그런 관계 속에서 아이는 교사를 믿고 따르며, 교사는 아이들의 존경을 받는 진정한 배움이 일어나는 교육의 장이 될 수 있다.

◆모든 아이들에게 공정하게 대해 주세요◆

아이들이나 학부모가 가장 힘들어하는 부분은 차별이다. 특히 성적을 가지고 차별하는 것에 가장 예민하다. 공부 잘하는 아이가 모든 분야에서 뛰어날 것이란 교사의 선입견은 수행평가나 각종 대회의 결과에도 영향을 미친다. 학교와 교사가 최상위권 아이들에게만 대회를 권유하고, 그들의 학교생활기록부 관리에만 신경 쓰는 듯한 인상을 준다면 나머지 아이들은 무력감을 느낀다. 심지어 아이가 공부를 못 하면 담임선생님을 뵙는 것조차 어려워하는 학부모도 있다. 공부를 못 하더라도 똑같은 제자로 동등하게 존중받고 싶다.

◆아이들의 가능성을 믿어 주세요◆

진로 희망 조사서를 적어 갈 때 담임선생님의 눈치를 보는 불편한 경험들이 많다. 성적이나 현재의 상황보다 훨씬 큰 꿈을 가질 때 종종 차가운 반응을 보이는 교사의 모습은 아이들에게 상처가 된다. 학년에 따라 바뀔 수 있는 것이 아이들의 진로인데, 그런 부분에서 선생님의 따뜻한 격려나 믿음이 또 다른 출발점이 될 수도 있다. 아이들마다 꽃을 피우는 때가 다를 수 있음을 알아주고, 아이가 가진 가능성과 잠재력을 바라봐 주는 교사가 가장 좋은 선생님이 아닐까 생각한다.

◆ 모든 학생을 소중하게 대해 주세요 ◆

아이 하나하나가 다른 잠재력과 색깔을 가진 소중한 존재인데, 교사의 높은 기준으로 아이들을 판단하고 폄하하지 않았으면 좋겠다. 눈높이가 높아서 제자의 아픔이나 상처에 공감하지 못하는 교사보다는, 오히려 자신이 부족하고 실패해 보았기 때문에 아이들이 무엇을 힘들어하고 어려워하는지 이해하고 애정으로 대해 주는 교사가 학부모는 더 반갑다. 아이들은 선생님이 자신을 예뻐하는지 아닌지 귀신같이 안다. 진짜 애정을 가지고 자신을 대하는 선생님께는 야단을 맞아도 따르고 인정받고 싶어하고 마음을 연다. 학부모는 교사에게 실력보다 애정을 기대한다.

이런 부모님을 기대한다

그동안 입시 패러다임 아래서는 엄마의 정보력을 강조하고 아빠의 무관심을 유도하는 경향이 있었다. 그러나 빠르게 변화하는 4차 산업혁명 시대에는 변화의 현장에 더 가까이 있는 아빠의 참여가 절실하다. 사춘기를 보내는 아이들 곁에는 아버지, 어머니가 서로 다른 역할을 하며 함께 있어 주어야 한다.

딸아이가 고등학교 입학을 앞두고 있을 때다. 지금 생각하면 사춘기 호르몬 때문이었겠지만, 자신을 주체하지 못하고 호되게 중학생 시절을 보내고는 이제 고등학생이 되면 공부를 해야겠으니 학교 규칙이 좀 엄격하더라도 공부를 열심히 할 수 있는 고등학교를 선택하겠다고 말했다. 중학교 때 힘들게 학교생활을 했던 경험을 떠올리며 무리한 결정을 하지 말라고 했더니, 오히려 걱정 말라며 엄마를 위로하였다. 그러고는 다른 규칙은 다 참을 만한데 머리가 귀밑 10cm는 견디기가 힘들 것 같다고 했다. 네가 이 학교를 선택한다면 그것 또한 수용해야 하며, 규정을 지키기 어려우면 굳이 그 학교를 선택할 필요가 없다고 했더니 딸은 며칠을 고민하다 한 가지 제안을 했다. 가발을 몇 개 사주면 3년 동안 규칙을 잘 지키겠노라고. 곧바로 딸과 함께 H대학교 앞 가발가게에 가서 가발을 몇 개 사주었다. 그때까지도 딸아이가 정말 잘할 수 있을 거란 확신은 없었지만, 무엇을 해보겠노라고 말하는 것이 기특해서 그냥 바라는 대로 해주었다. 3년 내내 딸아이는 할로윈데이나 크리스마스, 생일에 가발을 쓰고 다니며 신나게 기분을 풀곤 했지만, 학교에서는 규칙을 잘 지켰고, 자신이 말한 것처럼 공부를 열심히 하여 지금은 훌륭한 20대로 생활하고 있다.

아이들에게는 각자의 방식으로 스트레스를 풀 여지를 주어야 한다. 요즘 남학생들은 주로 게임으로, 여학생들은 화장이나 연예인 덕질로 스트레스를 푼다고 한다. 남녀 공히 어떤 대상에 대한 덕후 기질도 다양하다. 이것을 10대의 스트레스 배출구나 문화로 인정해 주지 않으면 아이들은 엇박자를 내기 쉽다.

◆인내심을 갖고 관찰하고 기다려 주세요◆

중학교 남학생을 가르치던 때인데, 수업 시간에 짝꿍끼리 키득거려서 확인해 보니 자기들이 쓴 교환 일기를 돌려 읽고 있었다. 깜짝 놀랄 일은 교환 일기의 제목과 내용이었다.

'재생엄마'라는 제목의 만화 일기였는데, 내용은 다음과 같다. 아이는 늘 엄마에게 혼이 나서 기가 죽어서 생활한다. 그런데 하루 동안 무슨 일이든 일어나서 꼭 엄마가 죽게 되고, 다음날 엄마가 재생하여 사건이 반복적으로 일어나는 이야기였다. 놀라운 일은 그 아이들이 문제아도 아닌 모범생이고, 정서적으로도 안정되어 있으며, 공부도 잘하던 아이들이라는 사실이다. 만화 일기를 돌려 본 학급 아이들은 내용에 공감하며 후속편을 기대하고 있었다.

당시 그 아이들은 엄마에게만은 비밀로 해달라며 사정했는데, 고민 끝에 아이들의 청을 들어주는 대신에 한 해 동안 아이들을 다루는 방편으로 이 사건을 적절히 이용하였다. 학년 말이 되어 노트를 돌려주면서 여전히 이 일을 엄마에게 비밀로 해야 하는지, 이 내용에 대한 아이들의 생각이 궁금하여 이야기를 나누었다. 아이들은 이 세상에서 제일 무서운 것이 엄마에게 혼나는 일이며, 그럴 때 가끔 엄마 없는 세상에서 살고 싶은 단순한 심정을 표현한 것뿐이라고 하면서, 엄마에게 끝까지 비밀로 해달라고 했다. 오싹하지 않은가? 엄마가 매일 죽어야 하다니, 그리고 재생엄마라니.

우리가 어쩌다 아이들과 이런 관계가 되었을까? 고 신영복 선생의 「머리, 가슴, 발」 이야기에 담긴 교육철학에 따르면, 우리 아이들은 머리로는 잘 아는데 실천이 안 되는 거란다. 그런 아이들은 엄마의 애정 어린 잔소리는 귓등으로 흘려버리고 엄마가 자기에게 화를 낸 것만 기억한다. 어떻게 해야 할까? 가장 좋은 방법은 아이 스스로 엄마가 원하는 말을 하게 하는 것인데, 이게 참 쉽지 않다. 무한한 인내와 애정 어린 관찰 이후에만 가능한 일이다. 물론 아이가 엄마가 원하는 말을 했다고 바로 실천하거나 생활 태도가 바뀔 것으로 기대하면 또 실망하게 된다. 그러나 아이가 스스로 한 이야기는 가슴까지는 전달되었다고 볼 수 있다.

◆ 아이가 학원을 끊어 달라면 존중해 주세요 ◆

부모가 잊지 말아야 할 것은 공부의 주체는 아이라는 것이다. 그래서 늘 아이의 의사를 존중하여야 좋은 결과가 나온다는 것을 유념해야 한다. 엄마 생각에는 부족해 보여도 아이가 학원을 다니지 않겠다고 하면 과감히 아이의 의견을 존중해 주어야 한다. 아이가 싫다는데도 엄마가 고집하여 계속 보내다가 오히려 아이도 엄마도 마음에 병이 든다.

요즘 강남 학원가에는 학생들이 몰리는 새로운 곳이 생겼단다. 다른 학원과의 차이점이 엄마와 아이가 같이 기다리고 있다는 것인데, 알고 보니 마음상담소였다. 다니기 싫은 학원을 계속 다니다 보니 아이들은 편두통부터 원형탈모, 틱 장애 등 숱한 신체적 증상부터 우울증까지 다양한 증세로 고통 받고 있다고 한다.

학원을 끊으면 처음엔 성적이 좀 떨어지는 것 같아도 아이들은 스스로 공부하는 힘을 만들어 간다. 아이가 자신만의 공부법을 찾아 나갈 수 있도록, 부모는 기다려 주어야 한다.

학교와 가정의 파트너십

학교와 가정, 교사와 학부모가 협력해야 할 가장 중요한 이유는 그 중심에 우리 아이들이 있기 때문이다. 학교는 아이들이 살아가는 데 필요한 것을 배우는 곳이자 진로와 진학을 준비하는 곳이다. 둘 다 충족해야 하기에 학교는 바쁘고 가르칠 것이 많다. 또래집단과 교류하며 사회성을 기르고, 세상을 살아가는 데 필요한 인성을 갖추고, 그 과정에서 나타나는 문제들을 고민하고 해결하는 능력을 기른다. 또한 진로와 진학을 준비하되 단순히 상급 학교로 진학하기 위한 절차적 과정을 거쳐야 하는 곳 정도로 인식하면 안 된다. 그것이 학교와 학원의 다른 점이다.

부모와 교사가 중·고등학교 시절을 대학 입시를 위한 중간 과정 정도로 인식하면서 대한민국 교육의 모든 문제가 시작되었다고 해도 과언이 아니다. 대학도 아이가 살아가는 인생의 한 단계에 불과하며, 초등학교와 중학교, 고등학교의 각 단계들은 한 인간이 전인적으로 성숙하기 위해 그 자체로 소중하고 가치 있는 시간들이다. 각각의 시기에 배우고 익혀야 하는 교육 내용들이 존재한다.

학교에 행복하게 적응하는 아이로 키우기 위해서는 부모가 집에서 바라보는 자녀의 모습 외에, 선생님이 학교에서 바라보는 자녀의 모습, 다년간의 경험과 전문성에 바탕을 둔 교사의 객관적인 시각을 존중하려는 학부모의 자세가 필요하다. 교사도 아이에 대한 부모의 믿음과 입장을 이해하려는 자세가 필요하다. 서로 처한 입장이 다르기 때문에 아이를 바라보는 부모와 교사 간의 시각차는 존재하기 마련이고, 때로는 이런 부분이 갈등을 불러오기도 하지만, 서로를 존중하고 협력하는 자세를 가지려고 노력하는 것이 우리 아이들에게 가장 바람직한 결과를 가져올 수 있다.

각자도생에서
'같이도생'으로

───────── • 아이 전공이 내 전공으로, 미술관 도슨트 • ─────────

아이가 말을 시작할 무렵, 유달리 감각이 뛰어난 아이에게서 미술적 재능을
발견하였고, 그 재능을 키워 주기 위해 수많은 전시회를 찾아다니며 다양한
작가와 미술 작품을 보여 주었다. 미술을 전공하려면 초등학교 때부터 입시
미술을 시키는 것이 일반적이지만, 개성 있는 그림을 그리는 아들에겐 그만의
길이 있다고 믿으며 미술 전시 관람을 즐기고 전시 감상문을 기록하며 입시를
준비하였다.

아이를 뒷바라지하면서 잊었던 옛 기억이 떠올랐다. 대학 시절 전공과 상관없
는 미술사 강의를 듣고, 유럽의 미술관에서 시간 가는 줄 모르고 작품을 감상
하던 때가 있었다. 그 시절의 꿈이 내 심장을 다시 뛰게 만들었고, 아이의 성
장과 함께 나의 미술적 안목 또한 발전하였다. 작품을 감상하는 방법과 어떻

게 하면 청소년이나 일반인들에게 쉽게 작품을 설명할 수 있는지 나름의 노하우도 생겼다. 이후 중학교에서 학생들을 대상으로 미술관 수업을 진행하는 기회가 주어졌고. 이런 경험을 바탕으로 용기를 얻어 서울 시내 주요 미술관의 도슨트에 지원하였다. 미술 전공자도 아니었지만, 높은 경쟁률을 뚫고 합격하였다. 도슨트 활동은 그 자체가 미술 공부에 대한 자극제가 되었다. 전시 작품의 작가 탐구. 미술사적 배경과 전시가 전하고자 하는 메시지 등을 나만의 언어로 정리하여 관람객에게 전달하는 일은 많은 보람과 기쁨을 주었다. 도슨트 활동을 할수록 체계적인 공부의 필요성을 느껴 현재 미술사 관련 수업을 일 년째 청강하고 있는데, 아이가 대학에 진학하면 나 역시 대학원에서 미술사를 공부해 볼 계획이다. 이제야 진짜 나의 적성을 발견하였고, 그것으로 제2의 인생을 시작하고픈 마음이 간절하다.

아이가 미술가의 길을 가려 하니 함께 공부하는 것이 서로에게 많은 도움이 될 것이고, 무엇보다 내가 미술 작품을 감상하며 느끼는 아름다운 세상을 이웃들과 나누고 싶다.

아이를 키우다 보면 더 이상 엄마의 말이 먹히지 않는 날이 온다. 바야흐로 사춘기! 이 시기는 부모 중심이던 아동기의 세계관이 또래와 자기 중심의 세계로 성장하는 기간이라 아이 머릿속은 뒤죽박죽 공사 중이다. 더 힘든 것은, 요즘은 출산 연령이 늦어져서 자녀가 중학교 들어갈 무렵 엄마들도 갱년기가 시작된다는 점이다. 인간의 일생에서 심리적으로 힘든 두 시기, 사춘기와 사추기가 충돌하면서 엄마에게도 아이에게도 힘든 시간이 시작된다.

Y중학교 학부모 아카데미

평생교육의 시대를 맞아 공교육 현장에서도 학교가 중심이 되어 부모와 자녀의 발달 단계에 맞는 체계적인 부모교육을 해야 할 시기에 이르렀다고 본다. Y중학교 학부모 아카데미는 엄마들 스스로 자신에게 필요한 강의 프로그램을 기획하는 참여형 부모교육으로, 경쟁적 학부모 문화를 지양하고 끈끈한 유대감을 바탕으로 양육의 어려움을 함께 나누는 공동육아의 장이다.

Y중학교의 학부모 아카데미는 3년 프로그램이다. 아이의 입학과 함께 엄마도 3년 과정의 부모교육을 들으며 아이와 함께 졸업하는 것이다. 학교는 평생교육의 일환으로 부모교육에 아낌없는 지원을 하고, 그러한 교육을 통해 성장한 부모들은 자유학기제의 강사나 기타 학교 현장에서 아이들을 위한 어머니 자원으로 활동한다.

아무리 좋고 훌륭한 교육이라도 나오는 거리가 멀고 실천하기 어려운 얘기가 되면 부모들의 관심과 참여율은 떨어질 수밖에 없다. 학부모 아카데미는 이런 거리감을 '브런치 토론'이라는 토크 타임으로 해소할 수 있다. 이 시간의 주인공은 엄마들이다. 전문가의 강의를 듣거나 책을 읽고, 그것을 아이들 교육에 어떻게 접목할 것인지 엄마들의 눈높이에 맞춰서 다시 되새김질하고 소화하는 시간이다. 명색이 브런치 토론이니 먹을거리가 빠질 수 없다. 누군가 김밥을 준비하면, 또 누군가는 햄버거를 만들어 오고, 또 다른 이는 과일을 씻어 오고, 누구는 커피를 준비하는 식으로 근사한 식탁이 차려진다. 음식을 나누며 먼저 아이를 키운 선배 엄마와 뒤에 키우는 후배 엄마들이 서로의 경험을 주고받고, 때로는 눈물 어린 공감과 따뜻한 위로도 오고가는 시간이다.

처음부터 아이를 잘 키우는 엄마가 어디 있겠는가. 실패담은 가장 고급 정보이고, 엄마의 생생한 경험담은 사교육이 결코 줄 수 없는 귀한 정보다. 같은 학교에서 아이를 키우는 공동체의 일원으로, 경쟁이 아니라 서로 기대고 나누면 더 행복하다는 것을 3년의 시간을 통해 저절로 깨닫게 되었다.

이러한 경험과 신뢰를 바탕으로 학교와 부모라는 교육의 양 축은 서로 건강하게 소통하고 협력하는 선순환을 이루어 낸다. Y중학교 학부모 아카데미의 목표는 명문대 입학이나 최고의 아이를 키우기 위한 것이 아니다. 힘든 대한민국의 교육 현실에서 그저 우리 아이와 함께 행복하고 싶고, 부모 공동체 속에서 그 고민을 함께 건강하게 풀어 가자는 것이다.

엄마의 사랑으로 학교 공동체를 키우자

이젠 내 아이만 잘 키우면 되는 세상이 아니다. 다른 아이도 함께 보듬고 키워야 학교가 건강하고, 사회도 건강해진다. 사회가 건강해야 내 아이가 행복하게 자랄 수 있는 세상이 된다. 건강한 엄마들, 부모 공동체의 사랑이 학교에 필요한 이유다.

그런데 사람의 가치관이 바뀌는 데는 계기와 성숙의 시간이 필요하다. 내 아이만 알던 이기적인 엄마, 성적에 민감하고 경쟁적인 엄마가 어느 날 갑자기 미래 사회에 발맞추는 엄마, 또는 다른 아이들도 품을 수 있는 공동체 마인드를 가진 엄마로 변하기는 쉽지 않다. 체계적인 부모교육을 통한 깨달음도 필요하고, 학교에서 다양한 교육활동을 통해 다른 아이들을 겪어 보고 느끼는 것이 엄마의 공동체 마인드를 일깨우는 좋은 계기가 될 수 있다.

B엄마는 졸업생 학부모인데, 딸이 졸업한 중학교를 4년째 다니고 있다. 1학기는 부모 수업의 강사이자 일원으로, 2학기는 자유학기제 수업의 미니컴퍼니 강사로, 때때로 인성을 키우기 위한 집단 상담 프로그램의 리더로 일 년 내내 학교에서 아이들을 만난다. 강사로 활동하면서 학부모일 때는 미처 갖지 못했던 아이들 전체를 볼 수 있는 시야를 갖게 되었는데, 안타까운 점은 매년 학교에 마음이 아픈 아이들이 늘고 있다는 사실이다. 자녀를 보살피기엔 부모 자신의 상처가 너무 큰 가정에서 자라는 아이, 혹은 현실이 팍팍하여 자녀를 돌보기 어려운 가정환경에서 그 상처를 대물림하면서 자라는 아이들이 바로 내 아이의 친구들이다.

학교에서 수업을 하다 보면 마음이 아픈 학생들이 교실에서 자신들의 분노를 터트리는 장면을 자주 목격하게 된다. 이런 친구 3명만 있으면 수업 진행이 어렵다. 이러한 상황을 온전히 교사에게만 맡겨야 할까? 내 아이를 위해서라도 건강한 엄마들이 아픈 아이들을 사랑으로 품어 준다면 함께 행복할 수 있지 않을까? 학교에서는 부모교육 시간에 엄마들에게 부탁한다. "이 시간에 어머니들이 많이 성장하셔서 우리 아이들을 위해 아낌없이 봉사해 주세요." 학교에서는 교육 전문가보다 엄마의 사랑이 훨씬 더 필요하다.

나의 교육 기부 활동은 5년 전 학교에 특별 지도가 필요한 위클래스 (wee class) 학생 6명을 맡으면서부터 시작되었다. 하루 종일 손에서 거울을 놓지 않고 화장 외에는 만사에 관심이 없는 아이들을 미술관으로, 특성화고로 데리고 다니면서 다른 길도 있음을 보여 주었고, 엄마의 마음으로 관심과 애정을 쏟았다. 학교에서 늘 말썽꾸러기 대접을 받던 아이들에게 특별한 관심을 주자 아이들은 조금씩 변하기 시작했고, 마침내 3명의 아이들이 관광학과, 보건학과, 금융학과로 자신들의 적성을 찾아 특성화고로 진학하였다. 딸아이의 입시철임에도 불구하고, 이 친구들이 제때 원서를 내지 못할까 봐 걱정되어 지원 학교에 데려가서 진학 담당 선생님과 상담하고 원서를 제출하였다. 당시 진학 담당 선생님께서 "어머님이시냐?"고 물었을 때, "친구의 엄마"라고 대답하면서 어색하게 웃었던 기억이 난다. 지금도 이모라 부르며 카톡으로 연락하는 친구는 반에서 5등까지 성적이 오르고 자격증도 땄다고, 가끔씩 소식을 전해 온다. 성적이 거의 바닥권이었던 아이들이 정신을 차리고 3학년 2학기 성적을 걱정하고, 원하던 학교에 전원 합격했을 때의 가슴 벅참을 무어라 표현할지 모르겠다.

이때부터 내 아이를 넘어서 다른 아이들까지 사랑을 확대해 보는 공동체 의식, '우리 학교 아이들은 우리 엄마들이 키운다!'는 비전을 갖게 되었다. Y중학교도 이 사례를 계기로 엄마의 재능과 자원에 눈을 뜨면서 자유학기제라는 열린 시스템을 통해 다양한 수업에 엄마들의 재능과 열정을 활용하기 시작했다.

학교와 학부모의 행복한 동행

요즘은 학교 내에 부모교육 장소를 세미나 센터처럼 꾸며 놓은 곳이 제법 있다고 한다. Y중학교도 완전히 업그레이드되어서 근사한 지역 사랑방이자 평생교육 시설로 탈바꿈했다. 학교가 부모교육을 지원하기 위해서는 교육청이나 구청에 예산을 신청하고, 관리 교사가 있어야 하고, 커피나 차 같은 음료에다 장소를 제공하는 등 여러 가지로 신경을 써야 할 부분이 많다. 그럼에도 건강한 학부모 문화를 싹틔우고, 교육 파트너로서 아이들을 건강하게 함께 키워 나가기 위해서는 부모의 도움과 자원으로서의 활용이 절실하다. Y중학교에서 부모교육이 성공적으로 자리 잡을 수 있었던 배경에는 과감하게 학부모를 운영 주체로 만들어서 자체적으로 운영토록 맡긴 부분이 컸다고 생각한다. 학부모가 스스로 키워 가는 문화이기에 다른 교육과 차별화되었고, 공동체 의식을 형성할 수 있었다.

미래 사회의 답은 각자도생(各自圖生)이 아니라 '같이도생'이라고 생각한다.[10] '한 아이를 키우기 위해서 온 마을의 노력이 필요하다.'는 인디언 격언처럼, 우리 사회의 건강성을 유지하기 위해서는 마을을 단위로 하는 공동체의 힘이 필요하다. 다가올 미래는 협업의 시대이지 경쟁의 시대가 아니다. 건강한 엄마 공동체가 이 소모적인 사교육 시장과 교육의 불합리, 경쟁으로 줄 세우는 대한민국 교육의 방향을 바꿀 수 있다고 생각한다. 국·영·수 공부에 지친 아이들은 4차 산업혁명의 험난한 파고를 넘을 수 없기 때문이다. 아이들 인성조차 파괴하는 아동 학대 수준의 선행학습과 과열 경쟁을 이제 우리 엄마들 손으로 중단하고, 교육의 방향을 바로 잡는 역할을 해야 한다.

긴 산고 끝에 아이를 처음 안았을 때의 감격을 부모는 잊지 못한다. 엄마만큼 창의적이고 드라마틱하며 귀한 역할이 또 있을까? 처음 아이를 만나면서 우주를 얻었던 그 기분, 그 초심으로 돌아가 우리 사회에서 건강한 엄마의 역할을 담당하고 싶다.

학생과 함께 꿈꾸는 학교

———————— • 30년을 내다보는 교육 • ————————

1999년 9월, 선린정보산업고는 당시 대부분의 전문계고처럼 학생도 학교도 꿈이 없는 황폐한 학교였다. 교문은 하루 종일 등하교가 겹쳤고, 복도와 화장실은 담배 연기와 학생들이 뱉은 침으로 눈을 뜨기가 어려웠다. 출석부는 결석부였고, 학교를 떠나는 학생들이 줄을 이었다. 수업 시간에는 대다수가 엎드려 자거나 잡담을 했으며, 30분도 제대로 수업하기 어렵다고 푸념하는 교사들은 사명감과 보람은커녕 그저 사고 안 나게 관리하는 월급쟁이의 모습이었고, 아이들은 PC방에서 하루하루를 지워 가고 있었다.

그런 학교에 새 교장 선생님이 부임해서 한 달 정도 교사와 학생을 관찰했다. 깊은 고민 끝에 처음 세운 원칙은 학교가 재밌어야 한다는 것이었다. 아이들을 학교에 머물게 만드는 것이 우선이라는 생각으로 컴퓨터실을 개방하고 동아리를 활성화하는 등 희망 계획서를 쓰기 시작했고, 교사들의 동참을 호소하였다. 교직원의 공감대 형성을 위해 교직원 회의를 통하여 중장기 계획과 비전을 이야기했다. 희망을 가질 수 없는 현장에서 'IT분야의 줄리어드 음대를 만들자'는 교장의 비전은 당황스러웠지만, 가랑비에 옷 젖듯이 듣고 또 들으며 희망을 갖는 교사들이 나타나기 시작했다.

교장은 교직원들을 설득하는 동시에 학생들을 만났다. 학년·학과·동아리·학급 단위로 학생들을 만나 비전을 제시했다. 신입생 오리엔테이션을 통해서 학교의 꿈과 학생의 미래에 대해 이야기하며 꿈을 키우도록 독려했다. 아이들은 어른들보다 더 빠르게 변화했다. 힘들고 불가능한 일에 고생만 시킨다고 생각하는 사람도 있었으나, 시간이 지나면서 교사와 학생들은 조심스럽지만 확고한 기대를 할 수 있었다. 천광호 교장은 교육이란 학생이 현재도 미래도 행복하게 살아가는 데 도움이 되고, 어떤 제도나 활동을 계획하든 학생의 행복과 성장이 중심에 있어야 한다고 생각했다.

2000년대 초에 급변하는 미래를 예상하며 향후 30년은 유용할 교육, 미래 사회의 수요에 부응하는 학과와 교육과정을 만들고자 노력하였다. 4개 학과가 모이면 하나의 벤처 창업이 가능하다는 생각으로 사이버 공간 경영인 웹 운영과, 사이버 보안인 정보통신과, 기술경영인 테크노경영과, 사이버 공간을 조화롭게 만드는 멀티미디어디자인과가 탄생하였다. 돈과 시설, 기자재가 아니라 선생님이 훌륭해야 교육이 훌륭하다는 생각으로 교사의 실력 향상을 위해 아낌없이 투자했다. 정규 교원을 강사로 대체하고 보안 회사에 파견한 사례가

단적인 예이다.

교육 방법은 바다에 씨를 뿌려 농사를 짓듯이 혁신적이었고, 교육 내용은 감성교육 등 더불어 살아갈 수 있는 휴머니즘에 기초했다. 요즘 학생 참여 중심의 프로젝트 수업 등 수업 방법 개선이 한창인데, 선린인터넷고는 2005년에 이미 동아리는 선배가 후배를 가르치고, 학생들은 기업연구 논문을 썼으며, 살아 있는 교과서라는 명칭으로 명사 특강을 진행했다. 감성교육을 위해 오감을 자극하도록 눈은 다양한 색을, 귀는 자연의 소리를, 입은 아름다운 시 암송을, 코는 들꽃의 향기를 맡을 수 있도록 했다. 손은 무엇이든지 해볼 수 있는 기회를 주었다. 그렇게 학생들은 미래 인재로 성장할 수 있었다.

천광호 교장은 평소 한 학교의 성공 사례가 민들레 홀씨처럼 전파된다고 주장하였다. 선린인터넷고의 사례는 많은 특성화고에 영향을 주었고, 함께했던 교사들은 다른 학교에서 그 철학을 실천하고 있다. 이제 선린인터넷고의 교육철학과 혁신으로 자란 학생들이 30세가 넘어섰다. 선린인터넷고에서 미래를 준비하며 꿈을 키웠던 그들은 사회 곳곳에서 '별처럼 빛나고 들꽃처럼 향기롭게'라는 학교 슬로건처럼 멋진 삶을 살아가고 있다.

학교의 존재 이유는 무엇일까? 학교는 학생의 꿈을 공유하고 그것이 이루어질 수 있도록 도와주기 위한 곳이다. 학교가 학생들에게 '넌 어떠한 사람이 될 수 있다'고 말해 주면, 학생들은 '아! 난 그런 사람이 될 수 있구나!'라는 생각을 하게 된다.

가능성을 가지면 꿈이 커진다. 아이들 각자가 가지고 있는 고유의 소질과 적성을 찾아 주고, 꿈꾸게 하고, 그 꿈을 이루어 나갈 수 있도록 교사와 부모가 힘을 모아 이끈다면 우리 아이들은 누구나 그 분야의 영재가 될 수 있다. 그것이 미래의 직업과 연관된다는 것을 알려 주고 능력을 개발할 기회를 주면 학생들의 눈이 빛난다. 그리고 비전을 제시하며 그 분야의 전문가가 될 수 있는 길을 열어 주면 학생들은 최고가 되기 위해 노력한다. 한 사람의 교육자로서 학생의 꿈을 함께 꾸고, 그 꿈이 이루어지는 과정을 도우며 지켜보는 학교의 모습을 꿈꾸어 본다.

학생을 신나게 하자

경제학자 파레토(Vilfredo Pareto)의 이름에서 유래한 '파레토의 법칙'이 있다. 상위 20%의 사람들이 전체 부의 80%를 차지하고, 백화점 상위 20%의 고객이 백화점 전체 매출의 80%를 차지하는 현상, 은행의 상위 20% 고객이 은행 수익의 80%를 발생시키는 현상이다. 그래서 백화점이나 은행에서는 VIP 마케팅에 많은 정성을 기울인다. 그런데 이 법칙이 학교에도 적용되고 있다. 성적 상위 20%의 학생들에게 정규 교과 활동의 80%가 집중되어 있다면 이것은 한번쯤 재고해 볼 일이다. 학교가 지식 중심의 수업만 한다면 80%의 학생은 주변인으로 지내야 할 위험에 처하기 때문이다.

정규 교과 수업 외에 동아리 활동, 방과 후 학교, 체험적 진로 활동, 체육 활동, 봉사활동, 다양한 경시대회 등 교과 공부 외에 학생이 참여할 수 있는 다양한 참여마당을 만들어 각각 상위 20%를 새롭게 만든다면 많은 아이들이 자기가 잘할 수 있는 분야를 찾을 확률이 더욱 커지지 않을까? 그래서 20%의 학생만 아니라 백퍼센트의 학생 모두를 성장시키는 학교를 꿈꾼다.

특성화고에 근무할 때 창업 동아리 여러 개를 관리한 적이 있다. 프로그래밍 공부를 하다가 국제 자격증에 도전하면서 영어 공부도 열심히 하던 학생들, 밤 10시에는 동아리실에서 나가야 하는데도 공부를 더 하고 싶어서 몰래 숨어들어 공부했던 그 아이들, 좌충우돌 창업으로 동아리 활동이 학교생활의 중심이 되었던 아이들이 생각난다. 이렇게 아이들은 자신과 맞는 길을 만나면 열정적으로 변화한다는 것을 숱한 경험을 통해 확신한다.

경영학자인 피터 드러커(Peter Ferdinand Drucker)는 "약점을 보완하기보다는 강점을 강화하는 것이 오히려 경쟁력을 높이는 지름길"이라고 말했다. 개인의 장점을 부각시키는 인재 교육이 더 경쟁력이 있다는 말인데, 아이의 잠재력을 일깨우는 칭찬 한마디는 삶의 등대가 되어 평생 걸어가는 길에 힘과 용기를 주고 희망을 심어 줄 수 있다.

우리 아이들은 이미 기적이다. 모두가 각자 잘할 수 있는 마당을 펼쳐 주는 교육이 필요하다. 한 줄의 성적이 전부가 아니라 다양한 길로 미래를 꿈꾸며 신명나게 살아갈 수 있도록 이끄는 역할을 학교가 할 수 있기를 꿈꾸어 본다.

모든 학생이 제 빛깔로 빛나게 하자

아주 귀한 손님 수백 명이 매일 학교에 온다. 손님들이 귀한 대접을 받으며 스스로 귀하다는 느낌을 갖도록 하려면 어떻게 해야 할까? 손님이 오면 집안 곳곳을 청소하고 꽃도 꽂아 놓던 어머니의 따뜻한 배려처럼 교문에서 그들을 반갑게 맞이하고 학교를 아름답게 만들면 좋겠다. 학교 진입로에는 기상을 살리기 위해 소나무를 심고, 학생들이 많이 생활하는 정원에는 각양각색의 꽃이 피도록 하여 자연의 색감과 아름다움, 생명의 소중함을 느낄 수 있도록 하자. 콘크리트 건물에서 머리에 쥐가 나도록 공부하다가 창밖에 보이는 풍경이 푸른 나무나 예쁜 꽃동산이라면, 점심 식사 후에 거닐 수 있는 산책로에서 새소리를 듣고 꽃향기를 맡을 수 있다면 아이들이 조금은 더 행복하지 않을까? 건물 안 곳곳은 미술관으로 바꾸면 좋겠다. 아이들의 눈길이 머무는 곳곳에 명화를 걸고 일 년에 몇 차례 주제를 바꾸면 일상 속 미술관을 경험할 수 있다.

  학생들의 오감을 자극하는 환경을 만들어 나가는 과정은 교육자에게도 많은 영감을 준다. 화단을 꾸밀 때 한 가지 꽃으로 통일하면 전체적인 아름다움은 있으나 한 포기, 한 포기에서 의미를 찾기는 쉽지 않다. 채송화, 봉숭아, 맨드라미, 달맞이꽃, 백일홍 등 제각각의 꽃들로 화단을 꾸미면

안 어울릴 것 같지만 저마다 각자의 개성을 뽐내며 조화롭게 어울리는 것을 볼 수 있었다. 획일화된 교육으로 획일화된 인간을 만들 일이 아니라, 자기 색과 향기를 갖도록 가르치는 것이 학교가 할 일임을 생각한다.

언젠가 소나무를 심으면서 잘 자라도록 토양을 바꾸고 소나무와 잘 어울릴 것 같은 철쭉을 함께 심은 적이 있다. 그런데 소나무는 잘 컸지만 철쭉은 제대로 성장하지 못했다. 소나무에게 맞는 토양이 철쭉에게는 맞지 않았던 것이다. 교육도 마찬가지다. 아이들 한 명 한 명을 소중하게 생각하며 각각에 맞는 교육을 위한 여건을 만들어야 한다.

저마다 꿈도 다르고 적성과 능력도 다양한 아이들을 컨베이어 교육 시스템 안에 가두어 놓으면 어떻게 그 능력을 키울 수 있겠는가. 교육은 아이들이 가진 능력을 자기 색깔에 맞게 꽃피울 수 있도록 키워 내는 일이다. 창의성과 다양성이 있는 꽃으로 피어날 수 있도록 도와야 한다.

교육의 주체는 학생이다. 현재 우리나라 학생 대다수는 행복하지도, 자유롭지도 않다. 시키는 일은 잘하지만 하고 싶은 일, 꿈이 없다고 한다. 만약 아이들이 하고 싶은 공부를 하게 하면 어떨까? 하고 싶은 것을 하다 보면 열정과 꿈이 생겨서 그것을 이루기 위해 더 열심히 하지 않을까?

10년 후의 명함을 만들어 보게 하자. 어떤 일을 왜 하는지 쓰게 하자. 학생의 마음을 움직이게 하는 미래와 동기를 유발하는 목표가 있고, 거기에 소질이 어우러진다면 아이들은 쑥쑥 발전할 것이다.

100세 시대를 대비하자

세계에서 유례를 찾기 힘들 정도로 대한민국은 급격히 늙어 가고 있다. 고령화 시대를 어떻게 대비해야 할까? 청년기와 장년기를 늘려 80세까지 정년을 연장해야 할 것 같다. 그러려면 생명력이 길고 유용한 내용으로 교육과정을 운영하고, 미래의 진로를 예측하며, 창의적이고 도전적인 인재가 되도록 교육해야 한다. 소질과 적성에 맞는 일이 생명력이 길고 미래지향적임은 누구나 알 것이다. 즐겁게 잘할 수 있을 테니 세월이 갈수록 전문가가 될 것이기 때문이다.

교과서대로만 가르치는 교육이 아니라 프로젝트 학습, 주제별 학습, 학생 참여형 학습 등 학생들이 주도적으로 학습할 수 있도록 유연하게 운영하면 좋겠다. 이제 교육의 목표는 우리 아이들이 행복한 삶을 살아가게 하는 것이다. 지식 중심 교육에서 벗어나 앞으로 살아 나갈 삶과 미래가 중심이 되는 교육이 실현되기를 희망한다. 개인의 적성과 시대의 흐름에 맞는 멋진 직업과 연계하는 활동은 아이들의 동기 유발에 유용하게 작용할 것이다.

또한 우리 아이들은 평균 100세 이상을 살게 될 것이다. 평생 건강하게 살아갈 수 있는 기틀을 만들어 주어야 한다. 건강한 심신을 위하여 가장 좋은 방법은 체육 활동이다. 개인별 체육 활동도 좋지만, 친구들과 함께할 수 있는 축구, 농구, 핸드볼 등을 학급 간 경기로 운영하자. 뭐든 재밌어야 더 하고 싶기에 응원과 세리머니 등을 점수에 넣어 이긴 팀도

진 팀도 모두 어우러져 웃을 수 있는 축제로 이끌어 나가자. 팀별 체육 활동을 하게 되면 육체적 건강과 더불어 협동심과 배려심까지 길러 평생 친구를 만드는 계기가 되기도 한다.

더불어 살아가는 마음을 기르자

교육은 교실에서만 이루어지지 않는다. 아이들은 보이지 않는 것, 즉 분위기, 놀이, 점심 급식, 제도 등 주위에 스며 있는 여러 가지 환경을 합하여 의미를 부여하는 과정에서 자신을 키워 나간다. 아이들의 잠재적 그릇을 크게 키울 수 있는 방법을 고민해 본다.

　일본 MK택시의 성공 신화를 소개한 『친절과 인사만 잘해도 세계 최고가 된다』[11]에서는 웃는 얼굴로 인사하는 기본이 얼마나 중요한지를 강조한다. 인사 잘하기를 학년 초에 교육하고 먼저 보는 사람이 인사하는 운동을 펼쳐서, 웃으며 인사하는 문화를 정착시키는 것이 인성교육의 첫걸음이다.

　교정이 황폐하면 아이들의 정서는 그만큼 거칠어진다. 학교는 가정과 마찬가지로 서서히 학생들을 물들인다. 행동과 정서를 순화시키고 싶다면 말로 훈계하는 것보다 학교 분위기를 바꾸어야 할 것이다. 학교는 깨끗하고 아름답고 자유로운 분위기 속에서 학생들을 귀하게 대접해야 하고, 친구는 경쟁자가 아니고 협력자라는 경험을 하게 한다. 그 방법으로는 스포츠, 합창, 팀별 수업, 동아리 활성화 등 팀 활동을 활성화하는 것이다. 학생들이 학교생활 중 가장 신나는 시간이 점심시간이다. 그 시간을 재충전의 시간이 되어야 오후를 잘 보낼 수 있다. 친구들과 함께 맛있는 음식을 먹는 것은 참으로 중요하다. 정성스럽게 점심밥을 준비하자.

학창 시절은 행복한 미래를 위한 준비 과정일 뿐만 아니라 그 자체로 즐겁고 행복해야 할 삶의 과정이다. '광에서 인심 난다'는 속담처럼, 마음에 여유가 있을 때 남에 대한 배려도 실천할 수 있다. 내가 행복해야 남에게도 관대할 수 있다는 말이다. 산업사회에서는 뛰어난 한 사람의 능력이 필요했지만 4차 산업혁명 시대에는 여러 사람의 다양한 능력을 합친 것이 더 가치가 있다. 다른 사람과 협력해서 가치 있는 결과를 만들어 내는 능력, 바로 인간관계 능력이 더욱 중요해진 것이다.

머리를 늘리기보다 꼬리를 줄이자

학교를 거대한 공룡으로 비유할 때, 수백 명의 학생을 머리 - 몸통 - 꼬리 부분으로 나눌 수 있다. 과거 우리 교육은 수월성 교육, 영재 교육 등으로 머리 부분에 많은 관심과 에너지를 쏟았다. 꼬리 부분은 출석률이 나쁘거나 교칙을 어기면 잘라 내는 방법을 택하기도 했는데, 아무리 꼬리를 잘라도 다시 새로운 꼬리가 생기거나 잘려 나간 꼬리가 학교 밖 아이들 문제로 대두되었다.

꼬리는 몸의 중심을 잡는 역할을 한다. 꼬리는 자르고 머리만 크게 한다면 균형을 잃고 쓰러질 것이고, 꼬리가 길고 무거우면 머리가 앞으로 나가는 것을 방해할 것이다. 따라서 꼬리를 짧고 굵게 만들어서 균형을 잡게 하고, 머리와 몸이 힘차게 나아갈 수 있도록 해야 한다.

꼬리 부분에 있는 학생의 불만은 수업을 듣고자 해도 무슨 말인지 알아듣기가 어렵다는 것이다. "왜 우리가 알아듣기 쉽게 가르쳐 주지 않을까? 내가 알아들을 수 있도록 쉽게 가르쳐 달라고 요구할 권리는 없나?" Only One 교육, 특히 이해가 느린 학생들을 위한 특별한 교육이 필요하다.

중학교만 세 번째로 전학 온 학생이 있었다. 수업을 방해하고, 무례한 행동을 하고, 무리지어 다니며 담배 피우고, 다른 학생들에게 위협적인 학생이었다. 이 학생을 위해 상담교사, 보건교사, 교과 담당교사, 교감 등 10명의 교사가 힘을 합쳤다. 개인 상담, 축구부 주장이라는 책임 부여, 개인 학습(2명을 대상으로 외부 강사를 활용한 영어 수업), 담임교사의 지극한 정성과 상담 등 학교가 한마음으로 특별지도를 쏟아부었다. 학생을 믿고 지속적으로 지도한 결과 마침내 금연에 성공하였고, 수업과 학급 행사에도 주도적으로 참여하면서 "영어 성적 올랐어요!"라고 자랑하며 기뻐하는 학생으로 변하였다.

사실 수업 시간에 별도의 수업을 듣게 하는 것은 규정에 어긋난다. 그럼에도 본인이 공부를 안 하는 것은 물론 학급에 주는 피해가 많아 고육지책으로 별도의 수업까지 진행해 보았다. 그 학생을 위한 맞춤형 교육을 학교 전체가 합심해서 노력했고, 그 성과에 교사들은 기뻐했다.

꼬리를 자르는 것만이 능사가 아니다. 아이들이 학교에서 나가면 어디로 가겠는가? 다른 학교로 또 강제 전학을 가거나 학교 밖 아이가 되는 것이다. 모두가 우리의 귀한 아이들이다. 배움이 느리고, 사춘기 시절 스스로 통제가 안 되어 험난한 시절을 보내는 아이들에게 더 정성을 들여서 꼬리를 짧고 굵게 만드는 노력이 필요하다.

생명력 있는 학교를 만들자

매년 새로운 학생과 학부모를 만나면서 학교는 계속 진화해야 한다. 매일 새롭게 학생들의 꿈이 커 가고, 교직원의 땀과 정성이 쌓이고, 지역과 동문들의 따뜻한 시선이 머물고, 귀한 자녀들의 성장을 기대하는 학부모의 마음이 머무는 곳이 학교이다. 학생 수백 명, 교직원 수십 명, 학생 수보다 많은 학부모, 일 년 365일 교육과정 운영, 방과 후 학교, 특별 교육과정, 동아리 교육과정, 환경 교육과정, 각종 경진대회, 개인 맞춤형 교육과정, 진로지도, 학력 향상, 생활지도, 수업 방법 개선, 각종 외부 행사 및 대회 참가, 학부모회, 학생회, 교무회의 등 복잡한 학교를 살아 있는 시스템으로 엮어서 스스로 발전할 수 있게 하자. 기본은 다음과 같다.

- 모든 구성원을 존중하고 정보와 가치를 공유한다.
- 모든 구성원이 참여하고, 능력을 최대한 발휘하게 한다.
- 부서 업무의 특성, 대상, 권한과 의무를 명확히 한다.
- 부서 운영의 권한을 위임하고 자율화를 확대한다.

- 연간 업무를 자세히 정하고 예산을 명시회한다.
- 외부의 좋은 점을 벤치마킹하여 학교에 응용한다.

  우선 교육의 기본 철학을 세우고 학교 구성원과 공유하자. 그렇다면 교육의 기본 철학은 무엇일까? 20세기 교육은 국가 발전을 위한 능률과 효율성을 목적으로 인간을 도구화했다면, 21세기 교육의 목적은 학생의 즐겁고 행복한 삶이다. 지식을 쌓고 기술을 익혀서 사회에 보탬이 되는 도구적 인재가 아니라, 감성을 가진 따뜻한 사람으로 남과 더불어 행복하게 살아가는 사람 자체가 교육의 목적이다. 학교의 존재 이유, 교육의 기본 철학이 학생의 행복한 삶이라고 생각하니 학생 한 명 한 명이 더 귀하게 느껴지지 않는가?

  21세기 교육에서 학생은 가만히 앉아서 수업만 받는 역할에 머무르지 않는다. 학교는 좋은 수업 환경과 학생 참여형의 교수 활동을 권장하고, 학생은 열정을 가지고 학습에 참여하며, 교과 진행도 학교와 학생이 절반씩 감당하도록 하자. 아름다운 꽃밭을 선생님이 가꾸기보다는 학생 동아리 중에 꽃에 관심 있거나 원예 치료가 필요한 학생이 담당하게 하는 것도 좋은 방법이다.

  관심은 사랑을 낳는다. 교사의 관심은 학생의 변화로 나타난다. 사제 동행으로 별이 빛나는 강원도를 찾아가는 어깨동무 프로그램, 1박 2일 학급 캠프, 퇴근 후까지 이어지는 상담과 개인 지도, 학기 말에 진행되는 학급 대항 체육대회, 기말고사 후 진행되는 다양한 특별 프로그램, 축제에 등장하는 선생님들의 장기 자랑, 상급 학교 진학을 위해 머리를 맞대고 작성하는 자기소개서, 친구나 가족 문제에 대한 수시 상담 등 학생을 위해 노력하는 교사들의 모습을 쉽게 볼 수 있다. 학교 행사를 들여다보면 행사 하나하나에 교사들의 정성과 교육 가치가 살아 있다. 졸업식을 준비하는 3학년 부장 교사는 며칠 잠을 설치며 졸업식을 준비한다. 졸업생의 3년간 교육활동 사진을 모두 스토리 라인을 잡아서 전개한다. 학급별 활동 자료는 각 반에서 학생들이 만든다. 이것을 점검하고 졸업장 수여와 맞추어 사진 한 장 한 장을 맞추고 연습해 보고 고치고 또 맞추기를 여러 차례, 모두가 주인공이 되는 졸업식을 준비한다. 선생님들의 정성이 아름답고 감동적이다.

여러 학교에 학부모 아카데미가 번져 나가고 있다. 주입식 교육, 입시 교육, 경쟁에서 이겨야 하는 교육, 내 아이가 잘되는 것에 온 신경이 집중되었던 학부모들에게 세상의 변화와 더불어 삶의 소중함을 느끼게 하는 교육과정이다. 이 과정을 통해 학교와 가정의 소통이 가능하며, 더 나아가 학부모 아카데미를 수료한 학부모가 학생을 지도하면서 교사의 어려움도 공감하고, 엄마의 사랑으로 다른 학생도 돌보면서 학교에 큰 도움이 되기도 한다. 서울의 작은 중학교에서 실천한 학부모 아카데미를 통해 학부모가 자유학기제 강사로, 미술관 도슨트로, 교육청 급식 모니터링 전문 요원 등으로 제2의 인생을 개척한 사례가 일반화되기를 희망한다.

이렇게 학교 구성원 모두가 자기 역할을 하면, 학교는 바쁘지만 재미있고 보람찬 유기체가 될 수 있다. 현재 학교는 작지만 구체적인 실천으로 학생과 함께 꿈을 꾸며, 그 꿈이 이루어지도록 지원하고 이끌어 가고 있다.

아이가 좋아하는 것을 알아야 한다

---● 스스로 꿈을 찾아 나선 아이 ●---

재현이는 한서대 항공레저산업학과에 재학 중인 학생이다. 재현이를 처음 만난 것은 해양 레저를 한창 즐기던 8월, 포항 앞바다이다. 재현이는 힙합 모자를 멋스럽게 눌러 쓰고 아버지가 튜닝해 준 제트 스키를 신나게 타고 난 뒤라 얼굴이 상기되어 있었다. 구릿빛 피부에 자신감 넘치면서도 따뜻한 눈빛을 지닌, 보통의 새내기들과는 전혀 다른 기운이 느껴지는 가능성 백퍼센트의 대학생이었다. 소개를 하고 보니 너무 수식어가 많다는 생각이 들지만, 이런 말들로도 다 표현할 수 없을 만큼 멋진 학생이었다.

재현이를 만나기 전 그의 어머니로부터 사춘기 시절의 흑역사를 듣고 난 뒤라 더욱 인상적이었는지도 모른다. 재현이는 중학교 재학 중에 많은 방황을 했다고 한다. 하고 싶은 일이 너무나 뚜렷한데, 그 꿈과는 전혀 상관없는 국·영·

수만 공부하는 학교에서 시간을 허비하고 싶지 않다면서 등교를 거부했다고 한다. 부모님의 걱정은 이루 말할 수 없었을 것이다. 그래도 남들처럼 정규과 정은 마쳐야 한다는 생각에 일반학교가 아닌 국제학교에 보냈지만 결과는 마찬가지여서 힘든 시간을 보냈다고 한다.

그러던 어느 날 재현이 아버지가 생각을 바꾸었다. 재현이의 이야기에 귀를 기울이고 전적으로 재현이 생각을 따라 주기로 마음먹었다. 재현이가 하고 싶은 일은 항공과 해양을 아우르는 레저 사업이었다. 아버지는 바쁜 시간을 쪼개어 아이와 함께 항공기 조립부터 부품 전체를 살펴볼 수 있는 체코로 여행을 다녀오면서 아이의 사업 계획을 구체적으로 실현할 수 있는 방법을 진지하게 고민했다고 한다. 재현이는 이런 아버지에게 마음을 열고 함께 사업을 구상하게 되었고, 사업가 아버지의 생각을 적극적으로 수용하여 사업을 시작하게 되었다.

아버지와 함께 시간을 보내면서 대학에서 이와 같은 일을 공부할 수 있는 곳을 찾게 되었다. 누가 권할 필요도 없이 그때부터 자신이 무엇을 해야 하는지 방향을 찾고, 대학을 정한 후 그전과는 완전히 다른 모습으로 열심히 공부를 했다. 결국 대학에서 요구하는 자격을 스스로 통과하여 대학에 진학하고, 현재는 학교에 다니면서 사업 실현을 위해 휴일을 온전히 쏟아부어 개인조종사 면허를 취득하고 조종 시간을 채우고 있다.

몇 년 전 교환학생으로 온 미국 고등학생의 한국어를 가르친 적이 있다.

서로 농담을 나눌 만큼 친해졌을 때, 한국 고등학교에서 가장 인상적인 것이 무엇인지 물었더니 그 아이는 서슴없이 "한국 학생들은 공부를 매우 열심히 합니다. 그런데 그 공부가 참 독특합니다. 모두 페이퍼 시험 공부만 합니다. 저는 이번 한국 교환학생이 끝나면 다시 장학금을 신청해서 이탈리아로 가서 공부할 예정이며, 이 결과물로 대학에 원서를 제출할 겁니다. 제가 높은 평가를 받으면 저의 고향에 있는 대학을 가지 않고 대도시에 있는 대학을 갈 수 있으니 더 열심히 할 겁니다."라고 대답했다. 고향의 주립대학보다는 대도시의 학교가 전공할 분야에 더 적합한 학교이고, 부모님으로부터 독립할 수도 있다면서 맑게 웃던 모습이 생각난다. 한국에 있는 동안 그 학생은 동아마라톤대회에 출전해서 완주하였고, 마라톤 대회 경력이 입시에 도움이 된다며 완주를 매우 기뻐했다.

그는 체대로 진학할 학생이 아니라 문화인류학을 공부하려는 학생이었다. 그 학생이 스스로 기획하고 추진하는 다양한 학습 방법을 보면서, 애초에 학교 공부와 교육과정 이외의 다른 경험은 차단당하는 우리나라 학생들과 비교가 되었다. 물론 우리나라의 현실에서 어떤 부작용이 따를지 예상할 수 있지만, 학생 스스로 기획하고 체험의 폭을 넓히고, 그것이 곧바로 입시로 연계되는 그들의 대입제도가 부러웠다. 열심히 사는 모습은 비슷하지만 우리 학생들과 전혀 다른 방법으로 공부하던 그 학생이 자꾸 생각난다. 그는 한국에 있는 동안 소요된 비용은 모두 장학금으로 충당하였다.

우리 아이들을 꿈꾸게 하자

혁신을 넘어서 혁명이라고 부르는 4차 산업혁명에 대비하여 세계 여러 국가들이 발 빠르게 준비하고 있을 때, 우리는 능력 있고 재주 많은 아이들을 책상에 오랫동안 붙들어 놓고 학생과 학부모 모두 상대적 불안감에 빠져 있다. 아이들은 자신이 좋아하는 것과는 상관없이 매일 학교에서, 학원에서, 집에서 시험에서 좋은 점수를 받기 위해 잠도 제대로 못 자고 책상에 붙들려 있다. 꿈을 꾸는 것도 책상에서, 미래를 위한 설계 역시 책상에 앉아서 어른들의 눈높이에 맞추어서 공부만 한다.

열심히 공부하여 좋은 성적을 거두는 것은 예나 지금이나 앞으로도 매우 중요한 일이다. 그런데 모든 아이들을 이렇게 한 방향으로 무한경쟁을 시키는 방법밖에 없을까? 나 자신을 포함해서 이 땅의 모든 부모들에게 묻고 싶다. 아이의 미래를 위해 절대 실수하지 않을 자신이 있는지. 인성도 사회성도 상상력과 창의력도 모두 잠재우고 지쳐 가는 우리 아이들, 얼굴 생김새만큼 다양한 개성을 지닌 우리 아이들이 오직 성적에 맞추어 몇 개의 대학과 전공학과로 자신의 미래를 한정 짓는 것을 볼 때면 우리 교육의 비정상적인 현실이 그저 답답하기만 하다.

우리 아이들은 성적으로 줄 세우는 학교에서 자신의 능력과 개성을 드러내지 못한 채, 그 줄의 어디쯤에 서서 길이 보이지 않는 현실을 인내하며 학교 수업과 방과 후 시간을 보내고 있다. 대학에 진학할 수 있는 성적을 얻은 아이들은 그나마 다행이지만, 이미 상대평가에서 원하는 대학으로의 진학이 어렵다는 것을 알게 된 아이들은 얼마나 힘이 들겠는가. 많은 아이들이 자신의 꿈과는 상관없이, 아니 꿈조차 꾸지도 못한 채 고등학교를 통과의례처럼 견디며 학교와 학원에서 생활한다. 수업 시간에 잠자는 것을 가장 경제적으로 생각하는 무기력한 생활이 아이들만의 책임인지 묻고 싶다. 부모로서 교사로서 이 아이들에게 무엇을 어떻게 해야 하는가?

수업과 평가의 변화가 시급하다

우리 아이들이 행복하게 살아가기 위해서는 지금과는 다른 삶의 목표가 필요하며, 노력의 방향 또한 달라져야 한다. 우리 아이들은 세계화 속에서 다양한 경험과 새로운 시도를 하면서 성장한 세계 각국의 아이들과 당당하게 맞설 수 있어야 한다. 그렇다면 교육 현장에서 무엇을 준비해야 할까?

첫째, 수업 콘텐츠와 평가의 변화가 필요하다.

우리 아이들은 평균적으로 세계에서 가장 많은 시간을 상급 학교 진학을 위한 지식 습득에 쓰고 있다. 학교에서 교사가 미래 역량을 감안하여 수업을 진행할 때, 그 내용이 대입과 직결되지 않으면 대부분의 학생들은 불평하며 잘 따르지 않는다. 선생님의 의도는 알지만 우리는 대학 진학이 우선이라고 한다. 아마 부모들의 속마음도 같을 것 같다. 결국 교사는 한 발 물러나서 결국 대입을 위한 수업으로 되돌아간다.

교사는 늘 해오던 대로 지식 전달 위주의 수업을 준비하는 것은 어렵지 않다. 하지만 아이들의 미래를 고려하면 이건 아니라는 생각을 떨쳐버리지 못하고 수업 내내 마음이 무겁기만 하다. 다행스럽게도 많은 시간과 공을 들여 새로운 수업 콘텐츠를 만들고 역량 중심 수업을 진행하려는 교사들이 많아졌다. 그런데 기껏 역량 중심 수업을 하고서도 평가는 지식 위주의 상대평가를 해야 하니, 사교육에서 반복적으로 많은 시간과 돈을 들여서 공부한 아이들만 좋은 점수를 획득하게 될 판이다. 교사 역시 이 문제를 잘 알고 있다. 고민에 고민을 거듭하면서도 해결점을 찾지 못해 교사들의 수업 고민은 현재진행형이다.

둘째, 학생 모두가 함께 성장하는 협동 수업이 필요하다.

학생들이 가르치는 역할을 담당하기도 하고, 같이 배우는 친구들끼리 상호 소통하며 진행되는 수업은 지식을 활용하는 방안을 학습하는 데 매우 유용하다. 이런 수업을 통하여 학생들은 공동의 가치를 실현하면서 새롭게 지식을 생성하는 창의적인 활동으로 즐겁게 수업에 참여할 수 있다. 학생들은 서로 협력하여 공동안을 만들어 제안하고 이를 실행하면서 지식 습득뿐만 아니라 삶과 직업을 모두 중요하게 생각하게 될 것이다. 그리고 이러한 학습 과정이 곧바로 평가로 연결된다면 우리 아이들은 더욱 열심히 참여할 것이다. 기본 지식을 바탕으로 서로 교류하면서 학생 스스로 성장하고, 이질집단을 수용하는 방법과 태도를 실천할 수 있는 교실 수업이 이루어지기를 기대해 본다.

셋째, 프로젝트형 수업이 필요하다.

프로젝트형 수업은 학생들의 자율성 향상과 문제해결력에 큰 도움이 된다. 프로젝트형 수업이 성공하기 위해서는 아이들 스스로 생각할 수 있는 시간이 지금보다 더 많이 필요하다. 그런데 우리 아이들은 너무 바쁘다. 국제 학업성취도 평가(PISA)[12]의 성적과 공부에 대한 호감도와 공부 시간을 함께 고려해 보면, 우리 아이들은 성적은 좋으나 공부를 좋아하지 않으며 학습 시간이 너무 많다는 결론이 나온다.

아이들이 열심히 노력하는 것이 당연하다고 생각할 수 있지만, 부모 세대가 했던 방식대로 그냥 열심히 하는 것만이 최선이라고 말할 수는 없다. 잘 생각해 보면 학생 스스로 배울 것을 기획하고 실천하면서 재미있게 미래를 구상할 방법이 있을 것이다. 학습의 주체는 학생이고, 교사와 부모는 조력자이다. 언제까지 힘들다고, 쉬고 싶다고 호소하는 아이들을 억지로 끌고 갈 수는 없다. 아이들이 자발적으로 움직일 때, 교육에 혁명이 일어날 것이다.

교사의 변화가 필요하다

최근 학교에는 작은 변화가 일어나고 있다. 교사들이 스스로 교육개혁을 위해 움직이기 시작했다. 과거에도 변화를 추구하고 실천하는 교사들이 있었지만 이들이 섬처럼 고립되어 있어서 교육개혁으로 확산되지 못했다. 대한민국의 교사들은 세계적으로 뛰어난 개인 역량을 지녔다. 그렇지만 교사의 집단 역량은 측정이 불가능하다. 왜냐하면 집단적인 성장을 위한 활동을 거의 하지 않고 있으며, 그럴 시간도 여건도 조성되지 않기 때문이다.

요즘 전국적으로 확산되고 있는 수업을 위한 교사 학습공동체는 교사스스로 전문성은 높이고, 서로 공유하는 활동으로 교육개혁의 중요한 변인으로 스스로 성장할 수가 있을 것이다. 선배 교사가 후배 교사에게 해줄 말이 많을 때 교사는 전문가 집단으로 인정받을 수 있다. 교사 학습공동체를 계속하면서 현장에서 검증된 교육 방식을 하나하나 쌓아 갈 때 교사의 전문성은 눈부시게 성장할 것이다.

교사가 수업 전문가로 성장하기 위해서는 끊임없는 자기 점검 또한 필요하다. 자기 점검은 스스로 해볼 수도 있지만 수업에 몰입하다 보면 놓치는 부분이 생길 수 있고, 열심히 준비한 수업에서 자칫 독선적인 판단을 할 수 있으므로, 수업을 정확하게 파악하기 위해서는 수업을 객관적으로 관찰해 주고 함께 이야기를 나눌 수 있는 동료 교사가 필요하다.

교육이 변하기 위해서는 우선 학생들에 대한 정확한 관찰을 토대로 하는 현실 파악과 더불어서, 그들에 대한 무한한 애정이 필요하다. 학생들은 늘 변한다. 수업을 하다 보면 어느 해 잘 적용되던 수업이 다른 해 혹은 다른 교실에서는 좋지 않은 결과로 나타나는 경우가 많다. 교육에서는 언제 어디서나 적용할 수 있는 방법은 사실 없는 것 같다. 그리고 교사가 멋지게 수업을 잘하더라도 학생에게 배움이 일어나지 않으면 그 교육활동은 별 의미가 없다. 어떤 경우는 성적 향상으로, 어떤 경우는 문제해결력으로, 어떤 경우는 창의적인 발상으로 개인적 혹은 집단적으로 성장하는 모습을 볼 수 있어야 한다.

수업을 하다 보면 핵심적인 학습 요소보다는 주변적인 학습 경험이 학생 성장의 촉매가 되는 경우가 종종 있다. 매시간 교사의 시선은 학생에게 머물러 있어야 이런 상황을 인지할 수 있으며, 교육목표에 대한 점검과 과정에 대한 반성도 꾸준하게 계속되어야 한다. 형식적으로 반복되는 성과 중심 교육활동은 한 번의 시행으로 끝나 버린다는 것을 교사들은 너무나 잘 알고 있다. 분명한 것은 교육의 주체는 교사와 학생 모두라는 사실이다.

결국 학생과 교사의 문제로 귀결되고 말았지만, 교사와 학생의 변화 외에도 사회적 합의와 제도적 변화가 필요하다. 촛불혁명을 보면서 우리 국민의 단합된 힘의 저력을 다시 확인하고 큰 기대를 가져 본다. 그렇다고 조급하게 생각하지 말고 서로 손을 맞잡고, 교육은 백년지대계라는 의미를 생각하면서 교사들이 자신 있게 교육활동을 할 수 있는 장을 마련해 주기만 한다면 미래를 대비하는 교육혁명은 반드시 성공할 것이다. 사회와 국가, 학생과 학부모가 교사를 무한히 신뢰하고, 교사는 교육의 주체인 학생을 파트너로 인정하고, 조력자인 학부모와 상호 소통하는 여건이 조성된다면, 4차 산업혁명은 위기가 아니라 기회로 다가올 수 있을 것이다.

필요한 능력이 달라진다

미래를 만들어 갈 우리 아이들이 지녀야 할 역량은 무엇일까? 지금껏 부모의 노후를 담보로 하여 아이들의 진을 빼면서 학습한 결과가 미래에는 소용이 없어질지도 모른다. 세계적인 경제학자 제레미 리프킨(Jeremy Rifkin)은 "우리의 모든 교육방식은 1차 산업혁명이 있었던 19세기의 방식과 똑같다. 미래는 노동자가 거의 없는 세계로 향하고 있고 인간은 더욱 창의적인 일을 위해 진보해야 한다."고 지적했다.

　현재 학부모들이 가장 중요하게 생각하는 공부는 상대적으로 문제를 잘 푸는 학생들을 상위 그룹에 속하게 하는 것이다. 학부모의 사교육비와 학생들의 무한 희생을 뛰어넘을 수 있는 대안으로 대입 전형이 학교생활기록부 중심으로 바뀌었지만, 이 또한 다른 부작용을 양산하였다. 제도가 아무리 좋아도 사교육의 발 빠른 대응을 국가가 따라잡지 못하고 있다. 교육부의 목표가 현실적으로 계속 엇박자를 내면서 아이들과 학부모는 물론이고, 교사들도 이전 성과에 한 가지가 더해지는 구조 속에서 한숨이 늘어 가고 있다. 결국 기존의 문제 풀이 공부에 학교생활기록부 중심의 학생 참여활동과 수행평가를 더 얹은 셈이다.

국가 또한 대학 입시에 많은 예산과 인력을 소요하면서, 수능날 비행기 이착륙 시간까지 조절하는 등 많은 에너지를 소모하고 있다. 그런데 그렇게 공을 들인 평가가 미래에는 별 도움이 되지 않는다면 참 허망하지 않겠는가? 교육에 희망을 갖기 위해서는 우선 대학 입시를 좀 더 미래지향적으로 손질하는 것이 중요한 과제라고 생각한다. 우리나라의 현실에서 대입의 영향력은 상상을 초월할 만큼 크다. 대입제도 손질은 반드시 필요하고 시급하지만, 대입보다도 더 본질적으로 학생들의 성장에 맞는 교육활동을 할 수 있도록 교육제도를 손질하고 훌륭한 자료들을 개발하여 교육 현장에 제공하는 것도 병행하여야 한다.

교사이자 부모로서 개인적인 희망은 우리나라 학생들도 8시간만 교과 공부를 하고, 나머지 시간에는 미래 역량을 체험하면서 즐겁게 배울 수 있으면 좋겠다. 학교의 교과 학습도 정기고사를 중심으로 이루어지는 평가 이외에 학습 동기와 교육과정의 성취기준을 반영하여 교실 현장의 성장과정을 평가할 수 있었으면 좋겠다.

교사들은 현장성을 감안하여 끊임없이 노력하고, 이것들을 적극적으로 수업에 적용한다면 아이들의 행복과 국가와 인류의 발전을 이룩할 수 있을 것이다.

3장

미래,
쉽게
풀어 보자

현재와 미래는
어떻게든 연결되어 있다.

– 스티브 잡스

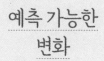

예측 가능한
변화

──────────── • 100세 시대, 달라지는 인생 주기 • ────────────

100세 시대를 맞이하면서 유엔에서 인류의 평균수명과 체질 등의 변화를 고

려하여 인간의 생애주기를 새롭게 구분하여 발표하였다.

0~17세 : 미성년자

18~65세 : 청년기

66~79세 : 중년기

80~99세 : 노년기

100세 이상 : 장수 노인

수명이 늘어난다는 것은 인류의 삶에 물리적 변화를 가져오는 획기적인 사건이다. 30년 이상 늘어난 중·노년기 인생에 대한 새로운 설계가 필요하며, 미성년자 시기는 좀 더 많은 여유를 가지고 인생 전반에 대한 탐색을 할 수 있어야 한다. 긴 세월 한 가지 직업으로 살아간다는 것은 더 이상 가능하지 않고, 우리는 평생 여러 가지 일을 하면서 달라진 삶의 패턴에 적응해야 한다.

가장 놀라운 점은 자녀와 부모가 함께 청년기를 살고 있다는 점이다. 65세 청년이란 말은, 자녀의 인생만큼이나 부모의 인생도 많은 도전과 새로운 공부가 필요하다는 것을 뜻한다. 따라서 자녀의 입시와 진로만 고민할 것이 아니라 부모도 인생 후반기의 진로를 고민하고 자녀와 함께 변화하는 세상에서 행복하게 살기 위한 도전을 준비해야 한다.

몇 년 전 대마도로 여름휴가를 다녀온 적이 있다. 대마도의 거리는 무척 한산했고, 작은 차를 주차해 놓은 집에는 허리가 구부정한 노인들이 주로 살고 있었다. 사람들에게 물어보니 요즘 대마도에는 일거리가 많지 않고, 젊은이들은 대도시로 공부하러 나갔다가 돌아오지 않아서 빈집이 많다고 했다. 몇 년 후 우리나라의 모습이 이렇지 않을까 걱정이 되었다.

현재 우리나라도 시골에는 빈집이 늘어나고 있으며, 도심에서 멀리 떨어진 곳은 마을이 통째로 사라지는 경우도 있다. 젊은이들은 경제적인 이유로 결혼을 포기하는 경우가 많으며, 결혼 이후에도 쉽게 자녀를 가질 엄두를 못 내고 있다.

인구 지도의 변화 : 고령화, 저출산, 다문화

경제협력개발기구(OECD)는 2016년 초에 "2050년에 세계 인구 중 60세 이상 인구 비율이 21%에 달할 것이고, 2047년에는 인류 역사상 최초로 16세 이하 인구보다 60세 인구가 더 많아질 것"이라고 예상했다.[13]

특히 우리나라의 고령화, 저출산 현상은 OECD 국가 중에서도 단연 선두다. 15~64세까지의 생산가능 인구가 급속히 줄어드는 인구절벽 현상이 특히 우리나라에서 심각한데, 이대로 간다면 우리나라는 2060년에는 생산가능 인구 10명이 노인 8명과 어린이 2명, 즉 10명이 10명을 부양해야 할 것으로 예측된다. 처음 인구절벽의 개념을 제시한 해리 덴트(Harry Dent)는 한국은 2018년경 인구절벽으로 경제 불황을 겪을 가능성이 높으며, 해결 방안으로 이민 정책과 출산 장려 정책을 제시한 바 있다.[14]

그런데 많은 예산을 들여서 출산을 장려해도 출산율이 늘지 않는 이유는 무엇일까? 쉽게 짐작하겠지만 경제적인 이유와 더불어 결혼 풍토와 가족에 대한 사고방식이 변했기 때문이다. 결혼이 점점 늦어지고 독신이 증가하고 있으며, 결혼을 하더라도 출산을 꺼리기 때문이다. 저출산의 이유는 간단하지만 해법은 쉽지 않아 보인다.

한편 국제 결혼 등으로 우리나라 국적을 취득한 이민자의 수가 매년 증가하고 있다. 특히 한국 남성과 동남아 여성의 혼인 현상이 뚜렷하게 나타나고 있으며, 동남아에서 취업을 목적으로 이주한 사람들까지 더하여 한국의 다문화 가족은 2020년에 100만 명을 넘을 것으로 예상된다.

다문화 가정의 학생 비율이 계속 증가하고 있는 학교에서는 학생과 학부모 모두 한국말이 서툴러서 학생들의 학교생활에 많은 어려움이 있다고 한다.

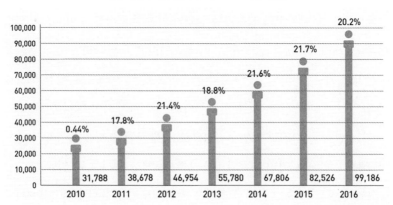

· 국내 다문화 학생 증가 추이(2010~16년, 7년간) ·

우리나라의 다문화 정책은 강력한 동화주의(同化主義)에 기반을 둔 정책이었다. 사회적인 합의 역시 동화주의에 근간을 두고 있어서 우리의 문화를 수용하도록 돕는 활동 위주로 정책이 진행되어 왔다. 다문화 정책에서 우리는 '귤화위지(橘化爲枳, 귤이 회수를 건너면 탱자가 된다)'라는 말을 따라 주위 환경이 달라지면 사람도 바뀐다고 생각하고 그대로 실천하는 듯하다. 정착 이민자들이 바뀌는 것은 당연한 일이지만, 그러나 그들이 바뀌기까지 얼마나 많은 어려움을 극복해야 하는지에 대해서는 고려하지 않는 듯하다. 이민자의 힘들고 어려운 현실을 인정하고, 이민자들이 정착할 수 있도록 그들의 문화대로 살아가는 방법을 인정한다면 그 사회의 다양성은 하루아침에 크게 성장한다고 한다.

그동안 이민자들을 대상으로 시행한 언어 및 문화 교육 위주의 정책과 더불어서 내국민을 대상으로 하는 교육도 병행되어야 한다. 상호 존중하며 공동체의 가치를 확립할 수 있도록 문화의 다양성을 인정해야 한다. 모두가 행복한 세상에서 각자의 개성과 특기를 발휘할 수 있을 때 사회적 역량도 함께 성장할 수 있을 것이다. 그들의 문화 특성이 우리 사회의 새로운 역량으로 수용될 수 있는 통합 방식으로 이민자 정책이 진행되어야 하며, 점차 그런 모습이 사회 곳곳에서 나타나고 있다.

기후와 환경의 변화

3년 정도 쓰던 스마트폰의 액정에 줄이 까맣게 생기더니 말소리가 끊어지기를 반복해서 AS센터에 갔다.

"액정이 이렇게 되면 수명이 거의 다 되었다고 볼 수 있습니다."

"조심해서 썼는데 수명이 다 됐다니, 스마트폰의 수명이 도대체 얼마나 되나요?"

"보통 2~3년입니다. 수리는 가능하지만 수리 비용보다 새로 구입하시는 것이 따져 보면 더 저렴할 겁니다."

이해가 잘 안 되었지만 대리점을 찾아갔다. 몇 가지 혜택을 안내하며 결국 2년 약정하고 요금제를 잘 활용하면 현재보다 통신비를 더 절약할 수 있다고 했다. 어쩔 수 없이 새 스마트폰을 구입했지만 돌아오는 내내 씁쓸했다. 냉장고나 세탁기 값을 능가하는 스마트폰의 수명이 고작 2~3년이라면 너무 비싸지 않은가? 스마트폰 생산 기업의 연매출액이 사상 최대가 되었다는 말이 왜 나오는지 알 것 같았다.

이제는 생필품 중의 하나가 된 스마트폰, 거의 인구 숫자만큼 많은 스마트폰을 2~3년마다 바꿔야 한다. 한 개의 스마트폰을 소비자가 구매하여 사용하다가 폐기되기까지 소요된 에너지와 자원, 쓰레기 처리 비용을 생각해 보니 지구가 왜 이렇게 몸살을 앓게 되었는지 짐작이 간다.

지구는 곳곳에서 몸살을 앓고 있다. 후쿠시마 원전사고, 중국발 황사, 미세먼지, 오존층 파괴, 산업 폐기물, 세계적인 이상기후, 해수면 상승, 지구온난화 등은 피하고 싶지만 인정할 수밖에 없는 지구의 현주소를 나타내는 말들이다. 우리가 선택한 자본주의는 생산과 소비의 사이클을 계속 유지할 것이므로, 앞으로 우리가 원하든 원치 않든 산업의 부산물은 더욱 증가하여 겹겹이 산을 이루며 쌓여 갈 것이다.

어느 순간 인간은 과학과 자연을 대칭점에 두고 살아가고 있다. 최첨단 산업은 자연을 파괴하고, 현대 문명 속의 인간은 자신이 자연인지 과학인지 헷갈려 한다. 인간의 풍요로운 삶이 추구하는 경제성과 편리함은 에너지 과소비 산업 구조를 필수적으로 동반한다. 북극의 눈물 같은 안타까운 현장은 풍요로움을 갈구하는 무감각한 인간에게 보내는 SOS이다.

지난 5월 학교는 체육대회 준비로 한창이었다. 체육대회가 개최되기 직전에, 미세먼지 주의·경보가 내리면 야외활동을 전면 취소해야 한다는 공문이 왔다. 체육대회가 취소된다면 학사 일정상 변경은 불가능하니 일 년 행사를 준비하던 부서는 난감해진다. 몇 달 전에 대여한 공공 운동장 사용 문제도 곤란해지고, 체육대회에 몸 달아 있는 아이들의 욕구를 실내 활동으로 축소하기에는 강당 규모가 너무 협소하기 때문이다. 다행히 체육대회 전날 비가 내려서 거의 일주일 동안 계속되었던 나쁨 수준의 미세먼지가 빗물에 씻겨 가 체육대회를 무사히 마칠 수 있었다.

현재 도시의 일반 학교는 실내 체육 공간이 매우 열악하다. 물론 운동장 사정도 마찬가지다. 전체 학생을 수용하여 체육 활동을 하는 것은 절대로 불가능하고, 한 학년을 대상으로 체육대회를 치를 수 있는 곳도 흔치 않다. 현재의 상황이 계속 진행된다면 미세먼지로 인하여 일상 활동에 지장을 받을 것이니 이와 같은 일은 계속 반복될 것이다.

이런 기후 문제들은 인류의 끝없는 욕망과 과소비에 대한 지구의 경고인 듯하다. 이상기후와 오염된 대기는 지구가 온몸으로 '이제 그만!'을 외치는 현상임에도 불구하고, 우리는 여전히 이전의 생활 습관에 따라 경제 활동을 계속하고 있다. 사람들은 일 년 내내 호흡기를 걱정해야 하고, 학교 수업과 행사도 미세먼지에 직접적으로 영향을 받았다. 인류는 아파하는 지구의 현장을 목격하면서도 획기적인 에너지 자원이 개발되기를 바라며 여전히 고에너지 산업 구조를 유지하고 있다.

아이들이 살아갈 미래의 지구를 생각한다면 무엇보다 시급하세 고에너지 중심의 생산과 소비 구조를 저에너지 구조로 바꿔 나가야 하지만, 급속도로 늘어나는 에너지 수요를 전환시키지 못하고 있다. 어쩌면 우리 아이들은 부모 세대의 무모한 에너지 낭비로 인하여 위험한 지구에서 마음 졸이며 살아야 할지 모른다. 아이들이 안전하게 살아갈 지구를 위한 대책이 시급하고도 절실하다.

글로벌 노마드의 시대

1988년생 딸이 있는데, 초등학생 때부터 예쁜 옷을 좋아하더니 대학에서 패션을 전공하고 국내 의류 회사에 입사했다. 제조 과정을 알고 싶다고 국내 의류 생산 MD를 하다가, 같은 회사에서 수입 브랜드로 부서를 바꾸었다. 5년 정도 회사를 다니던 어느 날, 다양한 경험을 하고 싶다는 이유로 이직을 원했다. 새 직장을 정하고 사직서를 냈으면 하는 엄마의 바람과는 달리, 딸은 미국에서 일하는 친구 집에 머물면서 여행을 하고 싶다며 회사를 그만두고 홀쩍 떠났다.

여행을 다녀와서 헤드 헌터와 통화하더니 두어 곳 면접을 보았다. 그런 딸에게 외국에서 옷을 수입해 본 직장 경험을 살려 차라리 다양한 패션 관련 소품을 수입해서 판매하는 사업을 해보라고 제안하였다. 아직 자신이 없다며 망설이던 아이가 여름 상품으로 베트남 핸드백을 사다가 온라인 매장에서 팔면 어떻겠냐고 아이디어를 냈다. 일단 시도하는 것이 중요하다는 생각에 베트남에 가서 여름 가방 몇 개를 사 가지고 돌아왔다. 예쁜 카페에서 멋지게 사진을 찍고 포토샵으로 보정하여 상품을 올렸다. 이 일을 통해 경제적인 성과는 없었지만 일단 시도했다는 것에 큰 의미를 두었다.

지금은 외국 브랜드의 패션 회사에서 일하지만, 기업이 평생을 보장할 수 없는 시대를 살아가는 딸이 자신을 스스로 고용할 수 있고, 나아가 누군가를 고용할 수 있는 자기 사업을 시작하길 바란다.

세계 경제의 개방도와 상호의존성이 높아지면서 인적·물적 자본의 이동성이 빨라지고 있으며, 특히 자본시장은 완전히 개방된 시장으로 탈바꿈하고 있다. 2016년 우리나라에서 체류 기간 90일 초과 출국자는 내국인 31만 4천 명이다. 연령별 출국자 수를 보면 이중 20대가 12만 4천 명, 30대가 5만 3천 명, 40대가 3만 4천 명이다.[15] 1980년대생의 글로벌 노마드(global nomad)가 시작되었다고 볼 수 있다. 글로벌 노마드는 더 나은 직장이나 학업 등을 위해 유목민처럼 국경을 넘어 이주하는 사람들을 뜻하는 말인데, 이들보다 20년 후인 2000년대생들의 글로벌 노마드는 아마도 일상적인 일이 되지 않을까 생각한다. 글로벌 시대, 세계로 눈을 돌리면 오히려 많은 기회가 주어질 수 있기 때문이다. 글로벌 노마드가 되려면 어떠한 능력을 갖추어야 할까?

우선 인종과 문화가 다른 사람들과 교류하고 협동할 수 있는 글로벌 능력을 가져야 한다. 전문적인 업무 능력과 더불어 인종과 문화가 다른 사람들과 인간관계를 맺고 소통하며 창의적 아이디어를 주고받을 수 있는 글로벌 마인드가 필요하다.

구글 번역기가 발달한다고 해도 외국어와 외국 문화를 잘 이해하는 사람은 활동 영역이 매우 넓어지고 그만큼 기회도 많아질 것이다. 다른 나라 문화에 대한 통로로써 외국어에 대한 민감도를 높이고 생활로서 외국어를 습득하는 태도를 길러야 한다. 아무리 좋은 실력과 품성을 지니고 있어도 다른 사람에게 전달할 수 없으면 소용이 없다. 이런 점에서 외국어로 의사소통할 수 있는 능력은 아무리 강조해도 지나치지 않다.

마지막으로 도전하는 용기, 일단 해보는 자신감이 필요하다. 아무리 좋은 것도 시도하지 않으면 소용이 없다. 세계가 하나의 시장으로 통합되어 하나의 경제권으로 서로 큰 영향을 주고받고 있으며, 그물망처럼 연결된 사이버 공간은 전 세계를 더욱 긴밀하게 묶어 가고 있다. 사이버 공간은 기회의 땅이다. 젊은이의 열정으로 도전해 보는 용기가 필요하다.

4차 산업혁명 배우기

─────────● 새로운 직업의 출현 ●─────────

"스마트폰으로 매일 게임만 하니 뭐가 될지 걱정이에요. 대학은 어떻게 가려고……."

오늘도 스마트폰 단속에 속을 끓이는 엄마들에게 유주완 군의 이야기를 소개하고자 한다. 컴퓨터 게임을 즐기고 코딩을 좋아하던 한 고등학생이 3학년 때 서울버스 앱(현 카카오 버스)을 개발하여 큰 인기를 끌었고, 명문대에 4년 전액 장학금을 받고 합격하였다. 요즘은 수시 전형에서 IT명품인재 전형 같은 것이 있어서 앱 개발에 소질이 있으면 장학금까지 받으면서 대학에 입학할 수 있다.

유주완 군은 컴퓨터를 너무 좋아해서 부모님과 갈등도 많이 겪었고, 성적도 좋은 편이 아니었다. 하지만 초등학교 시절부터 본인이 열정을 가지고 꾸준히 컴퓨터 프로그래밍을 해왔다. 중학교 때부터 본격적인 웹 개발에 빠져 공부는 뒷전이고 학교에서는 늘 잠만 자서 그의 부모는 속을 꽤 끓였다고 한다. 그런데 고2 때 스마트폰이 일상화되었고, 그 안에 무엇을 집어넣을 수 있을까 고민하며 밤새 컴퓨터를 만지다 매일 지각하는 자신의 필요에 의해 개발한 서울버스 앱이 그야말로 대박을 쳤다. 일주일 만에 만든 앱은 엄청난 다운로드 누적 수를 기록했고, 수험생임에도 불구하고 내친 김에 창업까지 했다.

그렇게 입시와 무관하게 고3을 보냈지만 명문대에 장학생으로 합격하였고, '독일 라이프치히 국제운송포럼 젊은 발명가 특별상' '대한민국 인재상'을 받는 디지털계의 인재가 되었다. 대학 졸업 후 현재는 미국 산타모니카에서 소프트 엔지니어로 근무 중이다. 미국처럼 소프트웨어를 중시하는 나라에서는 프로그램 개발자들을 마법사에 비유하기도 한다. 부모가 아이들의 진로를 맞춤 설계한다고 이런 진로나 인재가 나올 수 없다.

'대도서관'이란 이름을 들어 본 적이 있는가? 인터넷 방송 진행자이면서 '콘텐츠 크리에이터'란 신생 직업을 가진 이다. 그는 아프리카TV의 출발과 함께 게임 중계라는 새로운 영역을 개척하였고, 이제는 인터넷 방송의 주요 진행자로 활약하고 있다. 게임 산업의 확장과 함께 게임 중계를 개성 있게 하는 BJ들은 대도서관 외에도 여러 사람들이 있는데, 많은 독자층을 이끌고 있으며 온라인뿐 아니라 오프라인에서도 큰 인기와 영향력을 미치고 있다.

새로운 매체의 출현은 새로운 직업을 탄생시킨다. 사물인터넷(IoT, Intenet of Things)으로 인해 가상세계와 현실과의 경계가 불분명해지는 미래에는 어떤 직업이 각광받으며, 어떤 능력이 필요할지 예측하기가 쉽지 않다. 변화하는 세상에서 열린 시각으로 자녀를 키워야 하는 이유다.

4차 산업혁명이란

1차 산업혁명은 물과 증기기관을 활용하여 생산을 기계화시킨 것이 특징이고, 2차 산업혁명은 전기를 활용하여 대량생산을 창출한 것이 특징이며, 3차 산업혁명은 IT기술을 활용하여 생산을 자동화시킨 것이 특징이다. 여기에서 주목해야 하는 것은 과거 산업혁명들의 공통어가 바로 '생산'이라는 점에 있다. 즉 생산성의 비약적인 향상은 새로 발명된 기계, 전기, IT기술을 통해 야기되었다는 것이다.

그런데 4차 산업혁명은 앞서 나온 산업혁명들과 다른 양상으로 사물과 디지털과 생명체(사람)의 경계가 허물어지는 기술의 융합이 특징이다. 이것은 과연 무엇을 의미할까? 이를 설명해 주는 가장 좋은 예가 요즘 국내 통신사들이 광고하고 있는 음성 인식 인공지능 디바이스일 것이다. 이 기기는 끝없이 학습하고 성장하고 발전한다는 특징이 있다.

앞서 1~3차 산업혁명 시대에는 기존의 생산 방식을 바꿀 수 있는 새로운 기술이 등장하였을 때, 이것을 빨리 배워서 생산에 활용하거나 혹은 활용할 수 있는 매개체(기계)를 만든 사람이 부와 권력을 잡던 시대였다면, 4차 산업혁명 시대는 정반대 일이 벌어질 것이다. 인간이 기계를 배우는 것이 아니라, 반대로 기계가 인간을 배우면서 인간과 기계의 경계가 허물어지는 것이다. 인간이 도저히 따라잡을 수 없는 기억력과 연산 능력을 가지고 있다고 두려워하는 인공지능 기기들이 역설적으로 우리 인간들을 이해하고 배우려고 열심히 노력하는 세상이 온다.

4차 산업혁명과 미래 사회의 특징

미래! 잘 알 수 없어서 불안하기만 한 미래에 대하여 학자들의 예측과 진단을 들으면 귀가 솔깃하기도 하지만, 대부분 학술적인 연구이거나 객관화된 해석이어서 어렵게만 느껴진다. 광범위한 자료들을 토대로 다가올 미래 사회의 특징을 크게 다섯 가지 정도로 정리해 보았다.

- O2O로 확장된 시공간
- 인간, 인공지능, 로봇
- 플랫폼의 시대
- 공유경제
- 사물인터넷

사회는 무한히 확장되고, 무한경쟁과 개인화, 다원화가 더욱 심화될 것이며, 가상공간의 중요성은 더욱 증대될 것이다. 인공지능은 이미 많은 부분에서 부지불식간에 우리 삶의 한 부분으로 자리 잡고 있다. 인공지능은 엄청난 양의 데이터를 가지고 상상을 초월할 만큼의 많은 지식을 실시간으로 연결하여 꼭 필요한 정보를 정확하게 제공한다. 만약 언제 어디서든지 인공지능에 접근할 수 있다면, 더 이상 선생님을 찾을 필요도 없고 백과사전을 뒤적일 필요도 없을 것이다. 인공지능에 명령하고 아웃풋을 확인하면 되니까.

미래에는 현재의 많은 직업들이 사라지고 지금과는 다른 직업들이 탄생한다고 한다. 4차 산업혁명은 현재 우리가 희망하는 직업군의 지도를 변화시킬 것이며, 사회 구조의 큰 축을 구성했던 자본과 소유, 소비의 개념이 달라질 것이다. 신기술이 도입되면서 기존의 직업을 대체한 새로운 직업이 생겨나고, 이들이 만들어 낸 상품과 서비스를 기반으로 생산 활동과 소비 활동이 변화할 것이다. 특히 빠르고 정확한 기술을 필요로 하는 일자리나 숙련도가 낮은 일자리는 빠르게 사라질 것이다. 1960년대 민간항공기 조종석에는 기장과 부기장, 항법사, 항공기관사 등 6명의 전문가가 탑승해 있었고, 그들은 최고의 전문가로 대접을 받았다. 현재는 항법사는 GPS가, 항공기관사는 자동화시스템이 대신하고 있다. 항공기 조종석에서 사라진 4명의 일자리를 자동화 기기가 대신하고 있는 현상이 사회의 여기저기에서 나타나고 있다.

경기연구원에 따르면 단순 판매직, 서비스직을 중심으로 2020년까지 약 510만 개의 일자리 감소를 예측할 수 있으며, 그중 위험도가 높은 직군으로 텔레마케터, 회계사, 소매상, 부동산 중개인, 의사, 재무관리사, 고위간부 등 7개 직업군을 제시하면서 노동시장의 대응 전략을 내놓았다.

결국 4차 산업혁명 시대가 불러온 노동시장의 변화에 발 빠르게 대응하기 위해서는 교육제도를 창의성 개발 중심으로 전환하고, 다양한 근로 형태를 지지할 수 있는 임금 및 복지제도를 도입하고, 신기술을 활용한 신규 일자리 창출 전략을 마련해야 한다는 제안과 함께, 신규 일자리를 만들기 위해서는 공유경제와 플랫폼 경제 활성화에 노력을 기울여야 한다고 하였다.[16]

알파고나 딥젠고를 보면서 섬뜩한 느낌이 들었다는 사람들의 이야기를 들으면 분명 미래에는 컴퓨터가 만들어 내는 가공할 만한 상황들로 인하여 많은 변화가 일어날 것이고, 많은 일자리를 인공지능에게 양보해야 할지도 모른다. 현재의 기술 발달 속도를 감안할 때, 그 순간은 우리의 예상보다 훨씬 빠르게 다가올 수 있다. 그러나 다른 한편으로 미래는 그렇게 어두운 것만은 아닐 것이다. 더욱 편리해지고 발전되어 현재 우리가 해결하기 어려운 문제들이 쉽게 해결될 수도 있다. 어두운 면을 뒤집으면 환상적인 파라다이스가 전개될 수도 있다.

O2O(Online to Offline)로 확장된 시공간

손바닥보다 조금 큰 태블릿 PC! 2016년과 2017년의 대한민국을 촛불로 달구면서 나라의 대통령을 끌어내리는 데 큰 공을 세웠다. 아니라고, 난 아니라고 아무리 부정해도 사람들의 흔적은 어딘가에 저장되어 있기 때문에 감출 수가 없으니, 예전의 수법이 통하지 않는다.

클라우드가 일상화되면서 사람들은 보이지도 않는 공중 어디쯤에 나의 모든 행적과 기록물을 저장해 놓고 어느 곳에서나 편리하게 다운받아 사용한다. 나의 모든 자료는 공중에 손가락으로 동그라미를 그리듯이 지정해 놓은 나의 클라우드에 저장했다가, 내가 쓰고 싶을 때 손가락 하나로 불러내면 사뿐하게 다가온다. 참 편리하지만 우리의 일거수일투족은 알지 못하는 사이에 기록으로 남는다.

우리는 과거 어느 때보다도 사생활과 개인정보를 중요하게 여기지만, 내가 의도하거나 동의하지 않더라도 나의 많은 정보가 노출되는 시대에 살고 있다. 나는 서울시 ○○구 ○○로 ○○번지로 지정된 집에서 살고 있지만, 나의 분신인 정보들은 여기저기를 떠돌아다니다가 어느 순간 어디로든 내려앉는다. 어느 곳에서나 정보를 불러오거나 저장할 수 있기 때문에 업무 장소로 출퇴근하는 의미도 예전과 달라졌다.

이러한 변화가 아직 실감이 나지 않을 수도 있고, 때로는 혼란스러울 수도 있다. 하지만 요즘 주변을 돌아보면 많은 사람들이 무수히 많은 동영상 자료를 언제 어느 때든지 무료로 내려받아 자신의 지식을 구성하고 여가를 즐긴다. 지구 저편에서 필요한 물건을 앉아서 구매할 수 있으며, 한 번도 만난 적이 없는 사람과 업무상 협업을 하며 결과물을 만들어 낸다. 사람들은 얼굴을 맞대고 이야기하며 친구 관계를 맺기보다는 전혀 모르는 사람들이지만 취미나 성향에 맞거나 업무상 필요하면 관계를 맺고 시간을 보내는 경우가 많아진다. 학교, 회사, 집, 가게, 놀이터가 구획 지어질 필요가 없는 시대가 도래할 것이며, 출퇴근 시간, 근무 시간, 쉬는 시간, 여가 시간에 큰 변화가 초래될 수 있다.

인간, 인공지능, 로봇

요즘 TV에서 눈에 자주 띄는 수소연료자동차 광고를 보면서 뜬금없이 어린 시절 보았던 만화영화 〈아톰〉이 생각났다. '푸른 하늘 저 멀리 힘차게 나는 우주소년 아톰!' 하면서 하늘로 날아올라 악당을 물리치는 통쾌함을 안겨 주었던 귀엽고 친근한 로봇. 아톰은 1970년대 어린 시절을 보낸 세대에게는 호기심을 한껏 자극하던 사랑스러운 로봇이다.

수소연료자동차 광고가 가슴에 파고든 이유는 에너지 없는 세상은 상상할 수도 없고, 우리의 주 에너지원인 화석연료가 고갈되어 가고 있으며, 청정 에너지라 불리던 원자력은 방사능으로 우리를 위협하고 있기 때문이다. 이미 높은 에너지 소비생활에 길들여진 우리는 곧바로 대체 에너지를 개발하여 사용할 수도 없음을 잘 알고 있다. 이 광고에서 에너지를 만들어 공급해 주는 수소연료자동차는, 귀여운 아톰처럼 우리의 두려움을 물리쳐 줄 것만 같은 느낌을 준다. 앞으로 얼마나 많은 과학적 성과가 더해져야 자가 발전하는 자동차에서 필요한 에너지를 사용할 수 있을지 모르겠지만, 아톰이 우리 곁에 쓸모 있고 다양한 로봇으로 자리하듯이 에너지를 수시로 충전하며 살 수 있는 날이 오지 않을까?

4차 산업혁명의 총아로 대표되는 인공지능은 인간을 배우면서 발전하는 기계다. 앞서 언급된 음성 인식 인공지능 디바이스의 제작사도 인간의 다양한 언어 습관과 감성을 익히는 데 가장 많은 자원을 쏟고 있고, 알파고나 딥젠고도 바둑기사들이 둔 수십만 건의 기보를 익히면서 인간의 바둑을 배웠다. 이젠 스스로 진화해서 인간의 바둑을 넘어섰지만 말이다.

4차 산업혁명의 특이점으로 지목한 2025년이 지나면 인간화된 인공지능은 더욱 다양해질 것이다. 사람을 보조하는 로봇부터 인간의 손이 미치지 않는 해저 6천 미터 깊이의 바다 속을 탐사하는 해저보행로봇 크랩스터나 구글의 자회사인 보스턴 다이나믹스에서 선보인 인간형 이족보행 로봇까지 매일매일 진화하는 로봇들이 다양한 모습으로 세상에 나타난다. 그런데 세 살 먹은 아이는 우유를 한 컵 먹고 나면 에너지가 충전되고, 아이의 의지와 직관과 통찰로 자기 마음대로 걷고 뛰며 이동한다. 하지만 로봇은 엄청난 에너지를 사용하면서도 인간처럼 무수히 많은 신경 반응과 상황 판단을 동시에 해낼 수 없기 때문에 인간의 자연스러운 보행을 흉내만 낼 뿐, 현재는 만취한 사람의 보행처럼 불안하다.

인간은 자연스럽게 걷고 뛰고 말하고, 혼자 생각하고 행동하면서 부모 속을 썩이다가도, 스스로 세상을 살아갈 힘을 키우며 자기 세계를 만들어 간다. 이런 인간을 어떻게 사랑하지 않을 수 있겠는가? 33년간 좌충우돌하는 청소년들과 함께 지낸 교사의 입장에서 컴퓨터가 인간을 지배하는 디스토피아의 세계는 단 하나의 조건만 지켜진다면 결코 오지 않을 것이라고 단언한다. 그 하나의 조건은 인간 욕망이 인류애를 거스르지 않는 것이다. 결국 인간은 많은 시행착오와 갈등을 극복하고 인간에 대한 무한한 사랑을 실천하며 최선의 선택을 할 것이다. 아마도 인공지능은 가장 인간다운 로봇으로 태어나서 인간을 위하는 로봇으로 살아남게 될 것이다.

플랫폼의 시대

플랫폼은 승강장의 개념으로 특정 장치나 시스템 등을 구축하는 틀을 말한다. 비즈니스 세계에서 플랫폼은 다양한 상품을 판매하기 위해 공동으로 사용하는 구조인 인프라나 반복적인 작업이 이루어지는 공간, 또 구조물, 합의된 규칙, 제품을 구성하는 부품이나 서비스를 연결해 주는 기반 서비스나 소프트웨어 등을 포괄하는 개념이다.

현재 세계적인 플랫폼 4인방은 '애플' '아마존' '구글' '페이스북'인데, 이들은 21세기 창업과 거의 동시에 세계 최고의 기업에 진입하였다. 이들 기업의 비즈니스 모델의 공통점은 최신 기술 개발을 바탕으로, 협력과 혁신을 가장 중요하게 생각한다는 것이다. 저성장의 기조에서 하나의 관문을 통과하기 위해 무수한 시행착오를 반복하는 우리 젊은이들에게, 이들의 경영 방식은 시사하는 바가 크다. 이들 기업은 플랫폼을 만들고 고객이 좋아할 서비스를 다양하게 제공하면서, 고객이 자사의 플랫폼에 오래 머물도록 유도한다. 수많은 고객이 기업의 아젠다를 자연스럽게 수용하고, 광고를 클릭하고 물품을 구매하게 되면서 많은 수익을 올리고 있다.

플랫폼의 선두 주자는 애플의 스티브 잡스가 아닐까? 스티브 잡스가 구상한 애플의 생태계가 요즘 우리가 말하는 플랫폼이다. 스티브 잡스가 검은 티셔츠에 청바지를 입고 나와서 아이폰을 설명하던 모습이 떠오른다. 그는 더 작게, 더 편리하게, 손가락 하나로 움직이는 세상을 선보였다. 애플은 컴퓨터 운영체계를 아이폰에 탑재하고 다양한 앱을 이용하여 많은 사람들이 가상의 웹을 편리하게 사용할 수 있게 하였다. 잡스는 다양한 콘텐츠를 사람들의 손 안으로 가져와서 언제 어디서나 활용할 수 있게 하였다.

이제 플랫폼은 양적으로 확대되고, 질적으로 다양화되었다. 앞으로는 의식주, 교육, 문화뿐만 아니라 경제 활동 등 거의 모든 영역에서 스티브 잡스도 상상할 수 없을 만큼 큰 변화가 플랫폼으로 다가오고 있다.

공유경제

공유경제[17]란 자신의 물품이나 서비스를 소유하지 않고 다른 사람과 나눠 쓰는 경제 활동을 말한다. 공유경제는 세계적인 저성장 기조에서 경제적 이득이라는 생각에서 출발하여, 환경 문제를 반영한 친환경 의미까지 포함하며 발전하게 되었다. '에어비엔비'와 '우버'가 대표적인 공유경제 기업이며, 공유경제는 이들 스타트업 기업에 의해 미래지향형 사업 아이템으로 급부상하고 있다.

이들 스타트업 기업은 플랫폼을 구성하여 서비스를 제공하고, 이용자와 대여자를 연결해 준 후 수수료를 취하는 방식으로 기업을 경영한다. 자본주의가 세계의 경제를 주도하는 동안 소비가 미덕이 되면서 사람들의 소유에 대한 의지는 지본주의 경제 성장에 밑거름이 되어 왔다. 이에 반하는 공유경제는 일정 부분 자본주의와 대칭점에 있는 것처럼 보이지만, 우버나 에어비앤비의 활약 이후로도 숙박업이나 택시업계에 큰 변화가 일어나지 않은 것을 보면, 공유경제의 비즈니스 모델이 자본주의의 새로운 경제 활동 방식으로 수용되고 있는 것으로 보인다. 물론 우버 택시 이후 기존 택시업계의 수익이 줄어들었다고는 하지만 택시업계 자체는 사라지지 않았다.

그런데 공유경제의 세계 동향에서 우리가 주목해 볼 점은 중국 시장이다. 우버 택시는 중국에 큰 공을 들였지만 후발업체인 중국 내 차량 공유 서비스인 디디추싱의 시장 점유율을 따르지 못하고 있다. 이것은 공유경제를 지원하고 있는 중국 정부의 영향으로 보인다. 우리나라는 공유경제 부분에서 매우 지지부진하다. 대부분 법적 문제들로 인하여 활동에 제약이 따르기 때문이다.

사물인터넷

우리의 일상은 인터넷과 함께 시작된다고 해도 과언이 아니다. 눈 뜨자마자 스마트폰으로 오늘 일정과 날씨를 확인하고, SNS를 확인하며 친구들의 안부를 묻고, 인간관계를 확장해 나가기도 한다. 앞으로는 오늘의 날씨에 맞추어 사물인터넷이 의상을 코디해 주고 가장 빠른 길을 안내하며 출근길을 도울 날이 가끔 기다려진다. 혹시 집 안에 등이나 가스불을 깜박하고 외출했더라도 걱정할 것이 없으며, 상황에 따라 맞춤형 메시지를 확인할 날이 올 것이다.

아직 일반화되지는 않았지만, 사물인터넷이 상용화되면 기존에 독자적으로 사용되던 기계들이 한 단계 진화된 형태로 인터넷에 연결되어 사람과 사물은 일상적으로 상호 정보를 주고받게 되며, 인간은 다양한 서비스를 제공받을 수 있다. 빅데이터를 바탕으로 소비자의 성향을 분석하여 맞춤형 제품과 서비스를 제공할 것이며, 클라우드 컴퓨팅과 3D 프린트가 상용화되면 우리의 일상에서 맞춤형 물건이 적재적소에 제공되는 상상이 실현될 수 있다.

현대경제연구원은 사물인터넷은 2020년에 1조 달러를 달성하면서 연평균 28.8%로 성장할 것이라고 전망하였다. 에어컨, 냉장고, 세탁기 등 집 밖에서도 집 안을 언제든지 제어하는 서비스가 현재도 제공되고 있다. 모 통신사 광고처럼 사물인터넷은 보다 안전하고 경제적이며, 미래 지향적으로 우리에게 편리함을 제공할 것이다.

일자리의
미래

● '반려견 케어 에어비앤비'로 연매출 800억 원 회사 ●

반려견 두 마리를 키우던 애런 허쉬혼(Aaron Hirschhorn)은 여행을 가면서 반려견을 애견호텔에 맡겼다가 큰 낭패를 경험했다. 어떤 일을 겪었는지 한 마리가 책상 밑에 숨어서 나오질 않는 것이었다. 비슷한 경험을 했을 사람들이 많을 것이라 생각해서 2010년 지역 커뮤니티 게시판에 반려견을 돌봐 준다는 글을 올렸다. 얼마 후 한 소녀가 반려견을 맡겼고, 하룻밤 정성스레 맡아 주며 사진과 동영상도 보냈다. 첫 고객인 소녀는 별 다섯 개의 리뷰를 남겼고, 첫 해에 무려 111마리를 돌보며 4천만 원의 수익을 올렸다.

그는 에어비앤비의 수익모델을 보면서 반려견 사업에도 적용 가능하다고 생각하여 2012년 '도그베케이(DogVacay)'라는 회사를 차렸다. 반려동물 주인과 반려동물을 대신 돌봐 줄 '시터(sitter)'를 연결해 주는 회사다.

허쉬혼은 먼저 시터를 모집했다. 용돈을 벌고 싶은 청소년, 프리랜서로 집에서 일하는 사람, 낮 시간에 집에 머무는 가정주부, 은퇴하고 소일거리를 찾는 노인 등 다양했다. 지원자들이 반려견을 맡기에 적합한 환경인지, 평판은 어떤지를 조회한 후, 영상교육을 진행하고 시험을 통과한 사람에 한해 시터 자격을 부여했다. 최종 합격자는 20% 미만이었다. 반려견을 맡기려는 사람들은 우편번호로 시터를 검색하는데, 시터가 어떤 환경에서 반려견을 맡을 건지, 현재 몇 마리를 기르고 있는지 등을 프로필에 기재한다. 프로필에는 그동안 반려견을 맡겼던 사람들의 후기와 재이용률이 얼마나 되는지도 나타난다. 시터는 사진 또는 동영상으로 실시간 반려견 상태를 주인에게 보내야 한다. 회사가 하는 역할은 시터들을 관리·교육하고, 돌발 상황을 지원하는 것이다. 시터에게는 15~20%, 견주에게는 0~7%의 수수료를 받는다. 이 회사는 반려견을 돌봐주는 사람들 입장에서는 자신의 여유 시간을 나눌 수 있다는 점에서 우버의 모델과 유사하고, 반려견을 맡기는 사람들 입장에서는 애견호텔이 아닌 가정집에 맡길 수 있다는 점에서 에어비앤비 모델과 비슷하다고 할 수 있다.[18]

인공지능이 결합된 자동화는 다양한 직업들의 '직무'를 변화시키고 있다. 로봇과 인공지능 기술의 발달이 인간의 일자리를 빼앗아 갈 것이란 우려는 양질의 일자리마저도 로봇과 인공지능에 의해 대체될 것이라는 전망 때문이다.

소유의 시대에서 공유의 시대로

'비즈니스 센터'라는 곳이 있다. 소규모 기업가를 위한 사무실 공유, 업무 지원 서비스, 입주사 간 네트워킹 등 입주사의 비즈니스 활성화를 지원하고 공유하는 곳이다. 공유경제를 둘러싼 정의는 수없이 많지만 기본적으로 '재화와 서비스, 공간과 지식 등의 잉여분을 공유함으로써 비용을 줄이고 부가가치를 생산하는 것'이다. 이런 시스템이 극대화된다면 모든 것은 소유의 개념에서 공유의 개념으로 바뀌게 될 것이다.

대표적인 것이 우리가 사용하는 인터넷이다. 과거의 경우 백과사전을 보려면 도서관을 가거나 사야만 했다. 당시에는 정보 자체가 소유의 영역에 속했던 셈이다. 그러나 인터넷의 등장 이후 정보는 소유의 대상이 아니라 공유의 대상으로 탈바꿈했다. 자판을 몇 번 치기만 하면 즉각적으로 관련 정보들이 공짜로 눈앞에 펼쳐진다.

4차 산업혁명은 공유경제로 진화한다. 정보 공유를 통해 지식은 폭발적으로 증가하며 사회적 가치를 창출한다. 물질의 공유를 통해 자원은 최적화되고 비용은 감소한다. 관계의 공유를 통해 사회는 생명력을 띠게 된다. 이러한 공유경제를 뒷받침하는 것은 무엇보다도 사회적 신뢰이다. 사회적 신뢰와 유대감이 공유경제를 지속가능하게 하는 자산이기 때문이다. 신뢰가 담보되지 않는 공유경제는 범죄의 가능성이 항상 열려 있다. 실제로 간간히 전해지는 우버나 에어비앤비의 범죄 사건은 안전과 신뢰의 장치를 요구하고 있다.

사라지는 직업과 새로운 직업의 등장

4차 산업혁명 시대를 맞이하여 유독 고용 분야에 대해서는 인간의 가치가 하락할 것이라는 어둡고 비관적인 전망이 압도적이다. 4차 산업혁명은 온라인과 오프라인 세상을 융합한다. 현실은 물질이 중심인 세상으로 소유자가 권력을 가졌으나, 가상공간은 정보가 중심으로 복제와 공유가 가능하므로 관계가 권력이 된다. 따라서 물질을 정보로 만드는 디지털 기술과 정보를 물질로 만드는 아날로그화 기술이 필요하고, 이들이 순환하며 융합하는 세상에서 인공지능도 로봇도 인간을 닮아 가고자 한다. 인간이 가진 특성, 인간의 존엄성을 중요시하게 된다.

세계경제포럼(WEF)은 일자리에 대하여 향후 5년간 전 세계 고용의 65%를 차지하는 선진국 및 신흥시장 15개국에서 일자리 710만 개가 사라지고, 4차 산업혁명으로 210만 개의 일자리가 창출된다고 하였다. 종합적으로 보면 500만 개의 일자리가 감소할 것이란 전망이다.

'4차 산업혁명 = 일자리 감소'란 공식은 꾸준히 거론되면서 우리 인식 속에 자리 잡았다. 기계화가 사람의 노동력을 대신하면서 블루 계층의 일자리가 줄어들었다면, 4차 산업혁명은 화이트 계층의 일자리도 빠르게 대체할 것으로 보인다.[19]

그런데 과연 4차 산업혁명은 우리 앞에 일자리 무덤만을 준비해 두고 있을까? 반드시 그렇지만은 않다는 게 전문가들의 희망 섞인 전망이다. OECD는 직업(job)이 아닌 직무(task)를 기준으로 분석한 결과를 발표

했다. 예를 들어 소매 판매원은 직업 기준으로 보면 자동화로 인한 직업 대체 위험도가 92%나 되지만, 직무 기준으로는 컴퓨터로 대체하기 어려운 작업을 하는 소매 판매원이 96%나 된다. 실제 컴퓨터로 대체가 가능한 인력은 4%에 불과하다는 것이다.

단순 반복적 작업은 인공지능이나 로봇이 대체하고, 사람이 로봇을 관리하고 제어하는 방향으로 노동시장 구조가 바뀌어 갈 것이라는 게 전문가들의 예측이다.

30~40년 전과 비교해 보면 많은 직업이 컴퓨터의 영향을 받고 있지만 30~40년 전의 직업과 현재의 직업을 비교해 보면 사라진 직업의 비율은 그리 많지 않다. 그리고 직업사전의 항목 수가 과거보다 줄어든 적은 없었다. 이를 볼 때 기술 진보의 결과로 없어지는 직업보다 새로 생기는 직업이 더 많다는 것으로 긍정적인 전망을 할 수 있다.

미래의 근로 형태

디지털 기술이 발전되면서 프로젝트형 고용 계약이 늘어나고 있다. 기업 내부에서 정규직을 채용해 처리하는 것보다 외주, 임시직 등을 활용할 때의 비용이 더 저렴하기 때문이다. 이에 따라 취업 형태가 다양화될 것이다. 비전통적 고용 계약 형태나 주문형 거래의 확산으로 임시직, 파견, 재택근무, 파트타임 등 다양한 고용 형태로 변화하고 있다.

온라인 근로, 재택 근로, 원격 근로 등이 확산되어 근로 시간과 여가 시간의 구분이 모호해지고, 근로 공간과 생활 공간의 구분이 모호해지는 것도 변화의 한 형태이다. 일하는 날과 쉬는 날의 구분이 모호해지고, 모여서 일하는 것이 아니라 각자 맡은 업무를 장소와 시간에 상관없이 알아서 완성하는 방식이 늘어나고 있다. 한 사람의 근로자가 여러 회사에서 일하는 사례가 늘어나고 있어 전통적 고용관계가 느슨해지거나 해체되고 있다. 지휘·명령을 받는 고용관계가 아니라 상호 약속한 업무를 스스로 결정하고 통제하고 처리하는 관계로 변화하고 있다. 그에 따라 보상도 시간에 근거하는 시간급이 아닌 성과에 근거한 성과급이 확산되고, 맡은 업무나 과업의 완성에 따른 보상이 중요해지고 있다.

4장

미래,
어떤 역량이
필요한가

살아남는 것은 가장 강한 종이나
가장 똑똑한 종들이 아니라,
변화에 가장 잘 적응하는 종들이다.

– 찰스 다윈

미래 역량이란 무엇인가

카이스트 이민화 교수는 4차 산업혁명이란 현실과 가상이 인간을 중심으로 융합하는 것으로 정의하면서, 4단계 융합모델을 제시하였다.[20]

현실에서 시간·공간·인간을 데이터화해서 가상세계에 가져다 놓으면 현실과 일대일로 대응되는 세상이 생긴다. 예를 들어 내비게이터의 경우 가 보지 않고 도착 시간과 맞춤 길을 알려 준다. 현실과 일대일로 대응하는 가상세계를 만들어 지도, 자동차 위치, 교통신호 등을 종합해 예측과 맞춤이 가능하다. 이를 4단계 융합모델로 설명하자면 다음과 같다.

- 데이터를 현실세계에서 수집한다(1단계).
- 자동차 위치를 수집하고 교통신호를 수집하여 가상세계인 클라우

드에 올려 빅데이터로 저장한다(2단계).

- 이를 인공지능이 분석하여 최적화된 길을 알려 준다(3단계).
- 현실세계에서 시간이 절약되고, 교통 혼잡이 줄어든다(4단계).

아마존은 고객이 원하는 것이 빠른 배송임을 알고 아마존의 물류창고를 로봇으로 자동화하여 시간을 절약하였다. 이것으로 만족하지 않고 모든 고객의 자료를 수집하고 클라우드에 저장하여 인공지능이 분석하니 고객이 주문하기 전에 배송하는 전략, 즉 고객이 내일 주문할 것을 오늘 배송한다는 예측 배송으로 시간을 단축하게 되었다. 현실과 가상이 결합하여 최적화한 예라 할 수 있다. 오늘날 전 세계적으로 급부상하고 있는 새로운 기업들은 거의 현실과 가상을 연결하는 기업이다.

가장 최근에 바뀐 〈2015 개정 교육과정〉은 교과와 창의적 체험활동, 학교생활 전반에 걸쳐 학생의 실제적 삶 속에서 무언가를 할 줄 아는 실질적인 능력을 기를 수 있도록 핵심 역량을 제시하였다. 미래 사회에 적응하기 위해 꼭 필요한 요소들이라 소개한다.

- 자기관리 역량 : 자아정체성과 자신감을 가지고 자신의 삶과 진로에 필요한 기초 능력과 자질을 갖추어 자기주도적으로 살아갈 수 있는 능력
- 지식정보처리 역량 : 문제를 합리적으로 해결하기 위하여 다양한

영역의 지식과 정보를 처리하고 활용할 수 있는 능력

- 창의적 사고 역량 : 폭넓은 기초 지식을 바탕으로 다양한 전문 분야의 지식 · 기술 · 경험을 융합적으로 활용하여 새로운 것을 창출하는 능력
- 심미적 감성 역량 : 인간에 대한 공감적 이해와 문화적 감수성을 바탕으로 삶의 의미와 가치를 발견하고 향유할 수 있는 능력
- 의사소통 역량 : 다양한 상황에서 자신의 생각과 감정을 효과적으로 표현하고 다른 사람의 의견을 경청하며 존중하는 능력
- 공동체 역량 : 지역 · 국가 · 세계 공동체의 구성원에게 요구되는 가치와 태도를 가지고 공동체 발전에 적극적으로 참여하는 능력

앞서 언급했듯이 4차 산업혁명으로 일자리가 줄어든다고 걱정하지만, 직무 능력이 변하는 것이지 기술혁신으로 일자리가 줄어든 사례는 없었다. 새로운 일자리의 원천은 인간의 새로운 욕구다. 개인화된 욕구를 공급해 주는 창직과 창업으로 새로운 일자리를 만들어야 한다. 4차 산업혁명 시대가 필요로 하는 역량을 기를 수 있도록 다음 다섯 가지를 제안한다.

첫째, 기술혁명이 완성된다고 세상이 좋아질까? 혁신을 선도하는 이에게 보상이 집중된다면 세상은 양극화와 황폐화가 예측된다. 잘 만든 것을 모두가 함께 누릴 수 있도록 소득을 공평하게 분배하는 일류국가

의 정책이 필요해진다. 따라서 공감 능력, 소통 능력, 남과 더불어 행복하게 살아갈 수 있는 기반이 되는 인성교육이 중요해진다.

둘째, 인간의 수명은 늘고 로봇과 인공지능 등으로 사람의 일거리는 줄어든다고 한다. 일과 삶을 일치시키며 살아가기 위해 스스로 무엇을 좋아하고 잘할 수 있는지 재능을 키워 낼 수 있어야 한다. 그래서 진로교육의 중요성을 주장한다.

셋째, 교육의 최종 목표는 독립이다. 변화하는 세상에 능동적으로 대처하며 도전할 수 있는 열정과 창직, 창업이 필요한 세상에 대비할 수 있는 기업가 정신을 제안한다.

넷째, 새로 생겨날 많은 일자리가 과학, 기술, 엔지니어링, 수학을 뜻하는 스템(STEM)에서 생겨날 것으로 예상한다. 따라서 온라인과 오프라인이 융합되는 미래 사회에서 창의융합 능력이 경쟁력을 가질 수 있다.

다섯째, 우리나라는 OECD 원조국에서 지원국으로 바뀐 추격 전략(후발 주자가 선두 주자를 모방하여 쫓아가는 전략)으로 성공한 유일한 나라다. 이제 탈추격 전략으로 선진국에 진입해야 한다. 4차 산업혁명 시대를 선도할 글로벌 역량을 키워야 할 때이다.

인성이
실력이다[21]

해마다 학교에 마음이 아픈 아이들이 늘고 있다. ADHD가 의심될 정도로 산만한 아이, 학교 규칙에 전혀 신경을 쓰지 않고 친구들과 몰려다니며 제멋대로 구는 아이, 친구들을 완력으로 제압하려는 아이, 수업 시간에 잠만 자며 아무 의욕이 없는 아이, 게임이나 화장 외에는 아무것도 관심이 없는 아이……

이들이 학교에서 문제를 일으켜 부모님을 모셔 오라고 하면 가정에 문제가 있는 경우가 많다. 자신에게 무관심한 부모 혹은 가정환경에 대한 불만과 분노가 가슴까지 찼는데, 그것을 표출할 길이 없어서 교실에서 터트리고 있는 것이다. 세상에 아무것도 두려울 게 없는 이런 친구들 셋만 있으면 수업은 진행조차가 어려운 경우가 생긴다. 차라리 잠이라도 자면 좋으련만, 선생님께 대들거나 수업 분위기를 망치면 교사는 그런 아이들을 감당하느라 진을 빼서 다른 아이들을 돌볼 여력이 없다.

또 다른 부류는 지나친 학업 스트레스로 인해 공격성이 표출되는 경우다. 특히 여학생들은 자신의 마음에 안 드는 아이를 골라 은근한 왕따로 친구를 괴롭히는데, 당하는 아이 입장에서는 피해를 호소할 방법도 없는 지능적인 괴롭힘이다. 일 년 동안 점심시간마다 따돌려서 점심을 굶는 딸을 지켜보는 어느 엄마의 호소는 눈물겹기까지 하다. 남학생들은 대놓고 왕따를 시키거나 톡톡 건드리거나 뺏거나 부려 먹는 방법으로 괴롭힌다. 다들 멀쩡한 가정에서 자라지만, 자세히 들여다보면 학원 스트레스나 엄마와 갈등 관계에 있는 경우가 많다. 한창 뛰어 놀고 행복해야 할 청소년들이 번아웃 증후군에 시달리고 있는 것이다.

가정에 문제가 있거나 지나친 학업 위주의 양육이 우리 아이들의 마음을 병들게 한다. 학교가 사회를 비추는 작은 거울이라고 할 때, 우리 사회의 심리적 건강은 이미 경고등이 켜진 상태이다. 아픈 아이들을 돌보기 위해 학교는 해마다 대안교실과 인성 프로그램을 늘리고 있다. 전국의 중·고등학교의 현실이 별반 차이가 없다면, 앞으로 우리 사회가 감당해야 할 부담이 너무 크다. 더불어 행복한 인간으로 살아가기 위해서는 교과 공부 전에 인성교육이 필요하다.

쉬는 시간인데도 복도가 조용하다. 교실 안을 들여다보니 삼삼오오 모여 앉아서 공기놀이, 장기나 체스, 미니 탁구, 카드놀이 등 다양한 놀이를 하고 있다. 학교에서 수업 외에는 스마트폰을 쓰지 않기로 약속한 후 바뀐 교실 풍경이다. 쉬는 시간과 점심시간에 스마트폰 대신 학급 친구들과 시간을 보낼 수 있게 하기 위한 방법이다. 종목별로 학급 대표를 뽑아 학년 대회를 개최하는 등 학급 놀이에 관심을 갖도록 유도한다. 재밌는 놀이를 통하여 함께 살아가는 행복한 삶을 경험하게 된다.

왜 인성교육인가

최근 미국과 유럽 선진국들은 학교 점수에서 드러나지 않는 인간적인 매력이 삶의 성공에 더 중요하다는 연구 결과를 쏟아내며 인성교육에 주목하고 있다. 사실 인성은 언제나 중요했다. 사람 사는 세상에서 따뜻한 말 한 마디, 배려할 줄 아는 사람과의 교류가 얼마나 소중하며 가치 있는지 어른들은 다 안다. 디지털 시대에 아날로그의 가치가 빛을 발하듯, 인공지능 시대에 사람 냄새 풍기는 인성은 그 어떤 스펙보다 뛰어난 실력이 될 수 있다. 감동과 미소를 선물하는 사람, 주위에 기쁨과 행복을 전하는 사람에 대한 희망은 기술 진보를 넘어서 세계를 움직이는 거대한 흐름이 될 것이다.

미래에는 다양한 실력과 개성을 가진 사람들이 함께 어울리며 집단지성을 발휘하여 문제를 해결해야 한다. 미래 인재의 조건에 지적 능력뿐만 아니라 태도와 인성 등의 인간적 요소가 더욱 중요해지는 이유이다.

이제는 어마어마한 지식이 공기처럼 공짜다. 지식을 모두가 함께 활용할 수 있다는 점에서 지금까지의 지식 독점 시대와 구별되는 새로운 시대로의 진입을 예고한다. 세상은 더 이상 지식이 많은 사람에 대하여 관심을 갖지 않는다. 학벌과 지식을 소유하는 것만으로 경쟁력을 갖추었다고 말하기 어렵고, 그 지식을 활용하여 무엇을 할 수 있는지를 보여야만 가치를 인정받는다. 미래에는 공통의 관심사를 지닌 사람들이 모여 협업을 통해 시너지를 내며 활동하는 것을 예상한다.

인성은 공부하고 일할 수 있도록 해주는 실력이며, 미래에는 더더욱 인성이 리더십의 필수 요인이 될 것이다. 이제 교육은 아는 것이 많은 사람을 길러 내는 것이 아니라, 인간성을 바탕으로 능력 있는 사람을 키워 내는 것이다. 한마디로 인성 인재가 주도하는 시대이다. 바른 인성을 가진 아이로 교육하는 것이 무엇보다 필요한 시점이다.

나무는 혼자 있어도 나무고, 돌은 혼자 있어도 돌이지만 인간은 혼자서는 인간이 될 수 없다. 인간은 관계 속에서 태어나고, 관계 속에서 살다가 죽는다. 인성이 바로 그 관계를 풍성하고 아름답게 만든다.

인성교육이란 무엇인가

우리나라는 2015년 세계 최초로 인성교육을 의무로 규정한 인성교육진흥법을 만들었는데, 그만큼 인성교육이 절실하다는 현실의 반영이었다. 예·효·정직·책임·존중·배려·소통·협동의 여덟 가지 핵심 가치를 교육하자는 취지의 법안이다. 인성교육은 자신의 내면을 바르고 건전하게 가꾸고, 타인·공동체·자연과 더불어 살아가는 데 필요한 인간다운 성품과 역량을 기르는 것을 목적으로 한다. 인성교육을 법으로까지 정해야 하나 의문이 들기도 하지만, 학력을 강조하면서 역으로 그만큼 인성교육이 위협받고 있다는 반증이기도 하다. 행복한 삶을 위한 가장 기본적인 요소가 인성이지 않겠는가.

인성교육의 기본은 자아존중감에서 출발한다. 자아존중감이란 스스로 자신을 가치 있고 긍정적인 존재로 평가하는 것으로, 목표를 성취하거나 과제를 성공적으로 완수함으로써 형성된다. 따라서 자아존중감이 높은 사람이란 자신의 가치를 소중하게 생각하는 사람, 타인의 사랑을 받을 만하다고 느끼는 사람, 자신에게 주어진 일을 잘 해낼 수 있다고 믿는 사람을 말한다. 반면 자아존중감이 낮은 사람은 자기가 가치 없다고 느끼며, 종종 불안하고 우울해하며 불행하다고 생각한다. 그러면 자신에 대해 확신을 갖지 못하고 불안정하며 소극적이 되기 쉽다.

자아존중감을 높이려면 자신에 대해 긍정적이며, 할 수 있다는 자신감이 필요하다. 여기에서 자신의 소질과 적성을 능력으로 발전시킬 수 있는 진로개발의 중요성을 강조한다. '나는 소중한 사람이야' '나는 세상에 꼭 필요한 사람이야' '참 잘했어' '해낼 줄 알았어' 등 자신을 가치 있는 존재라고 인정하는 것에서부터 자아존중감은 싹트기 시작한다.

다음으로 배려하는 마음과 예의 바른 태도가 중요하다. 배려는 타인의 마음을 여는 열쇠다. 남을 생각할 줄 아는 마음은 인격자가 갖춰야 할 미덕 중 하나다. 남에게 양보하고 배려한다는 것이 쉬운 일은 아니지만, 배려야말로 인간관계를 원만하게 해 주는 윤활유라고 할 수 있다. 예의

바른 태도는 그 사람이 지닌 능력보다 더 강한 영향력을 발휘할 수 있다. 예의는 상대에 대한 정중함과 존중에서 시작된다. 공손한 말투나 행동은 타인에게 마음을 드러내는 일종의 자기표현이다.

어떻게 인성을 기를 것인가

고등학교 입시나 대학 입시를 준비한 학생이라면 한번쯤 자기소개서를 써 봤을 것이다. 자기소개서 항목을 보면 인성 항목이 꼭 들어 있다. 상급 학교에서는 학업 능력뿐만 아니라 동아리활동, 봉사활동, 학생회활동 등을 두루 열심히 하는 사람을 선발하고자 한다. 이런 활동의 공통점은 함께 하는 것, 누군가를 배려하는 것이다. 혼자 잘난 학생이 아니라 더불어 살아갈 줄 아는 학생을 높게 평가하는 것이다. 이제 인성은 상급 학교 진학을 위해서도 필요한 실력의 한 요소가 되었다.

◆고입 자기소개서◆

1. 자기주도학습 2. 지원 동기 및 학업, 진로 계획 3. 인성 영역

◆대입 자기소개서◆

1. 고교 재학 기간 중 학업에 기울인 노력과 학습 경험
2. 고교 재학 기간 중 의미를 두고 노력한 교내 활동
3. 학교생활 중 배려, 나눔, 협력 등을 실천한 사례와 느낀 점

인성은 직업을 갖기 위해서도 필요하다. 기업체 채용 트렌드가 학점이나 어학 성적과 같은 스펙보다 인성을 중심으로 평가하는 열린 채용 방식으로 바뀌고 있다. 조직에 필요한 사람은 자기만 잘난 독불장군이 아니라 모두를 배려하고 화합할 줄 아는 사람이다.

그렇다면 아이들의 인성을 어떻게 키워 줄 수 있을까?

공동체 생활을 경험하는 학교는 인성을 기르기 위한 좋은 장이라고 할 수 있다. 예술과 체육 활동은 감동과 협력 등 인성 요소가 충분해서 강화하고 있다. 스포츠 활동을 통해 인내와 협동심을 기르기 위해 축구나 농구 등 학급별 경기를 남녀 학생 모두 참여하여 진행한다. 1시간의 강의보다 때로는 한 곡의 음악이 감동을 주기도 한다. 아름다운 음악을 접할 수 있도록 점심시간 음악방송, 1인 1악기 연주를 권장하며, 교문 앞에서 지역민을 위한 음악회 등 다양한 연주 활동의 기회를 갖도록 한다. 학생들의 눈이 머무는 곳곳에 명화를 전시하고, 주변의 문제점을 아름다운 미술적 요소로 해결하는 프로젝트도 진행한다.

인성교육을 요약하면 긍정적 정서 함양과 회복탄력성 향상이다. 마음의 힘을 키우고 스스로 발전할 수 있다는 신념을 함양하도록 한다. 단한 명만을 위한 수업, 2~3명의 소수를 위한 특별반도 운영하여 한 명의 학생도 포기하지 않는 Only One 교육에 힘쓴다.

기본 중의 기본, 가정교육

인성은 말로 가르치기보다는 살면서 터득하는 것이다. 일상에서 교육이 이루어져야 하므로 인성교육의 가장 기본은 가정에서 이루어져야 함을 잊지 말아야 한다. 자녀교육의 기본은 부모가 먼저 모범을 보이는 것이다. 자녀는 부모를 닮아 갈 수밖에 없기 때문이다. 너무나 당연한 이야기이지만 가정이 평안하고 안정적이어야 한다. 부부가 서로 아끼고 존중하는 모습이 필요하고, 자녀에게 부모의 뜻을 강요하는 권위적인 모습이 아니라 자녀의 생각을 존중해 주고 믿어 주고 기다려 주는 부모가 되어야 한다.

공부만 열심히 하면 모든 게 허용되는 분위기도 재고해 보자. 엄마가 정성스럽게 식사를 준비했으면 설거지는 아이가 하면 어떨까? 아이 방 청소도, 벗어 놓은 옷가지 정리도, 정신없이 벗어 던진 신발 정리도 모두 엄마가 해주면서 그저 공부만 잘하면 된다고 가르치면 사회에서 누가 좋아할까? 앞으로 성장하여 사회생활이나 가정을 이룰 때 먼저 배려하고 협력하지 않으면 성공할 수도, 행복할 수도 없다.

부모가 칭찬을 제대로 하는 것은 무척 중요하다. 요즘은 학교도 과정평가를 중요시한다. 성적이 우수하니 잘했다는 결과 위주의 칭찬은 아이의 인정 욕구를 점점 더 강하게 해서 배움이라는 본래의 가치보다 성적이라는 결과에 집착하게 되고, 그로 인한 스트레스와 우울증이 문제가 되기도 한다. 결과보다는 과정을, 점수보다는 노력을 칭찬하고, 잘했을 때의 칭찬보다 잘 못했을 때의 격려가 더욱 중요하다. 온종일 남을 적으로 여기고 경쟁하고, 사이버 세상에서는 싸우고 죽이며, 오로지 자기만을 위한 세상을 꿈꾸면서 살아가는 아이에게 인성을 기대할 수는 없다. 행복은 서로 주고 베풀 때 더 커진다. 학업으로 인해 자녀와 갈등을 겪는 부모라면 먼저 부모 자신을 돌아보자. 본인은 정작 무엇에서 행복감을 느끼는지.

소질과 적성에 따라 진로를 개발하자

──────● 목적과 동기가 분명하면 공부의 질이 달라진다 ●──────

"아들아. 너는 꼭 행정고시를 패스해서 공무원이 되어야 한다. 사업은 절대 안 돼!"

외삼촌들이 사업으로 외할아버지의 재산을 거의 탕진한 뒤, 어머니가 정한 내 진로는 공무원이었다. 장남으로서 부모님 말씀을 거역하는 법이 없었기에 당연히 행정학과에 지원했다. 그러나 다행인지 불행인지 낙방을 했고, 재수생이 되어서야 비로소 내 인생을 진지하게 고민해 보았다. 나는 누구고, 왜 공부를 하는가? 행정고시는 왜 봐야 하지? 근본적인 질문부터 현실적인 물음까지, 그 답을 찾지 못하면 목적 없는 재수생활이 실패로 끝날 것이 자명해 보였다. 다행히 재수 중반부에 내가 진정 좋아하는 일이 무엇인지, 대학에 가면 어떤 공부를 하고 싶은지 어렴풋이 정할 수 있었다. 당시 『내셔널지오그래픽』과 같은 잡지의 편집장이 되어 대자연 속 동물의 삶을 더 재미있고 교훈적으로 전하는 것을 꿈꾸었는데, 그 이유는 〈동물의 왕국〉 프로그램을 볼 때 가장 행복했기 때문이다. 이렇게 무엇을 위해 공부할지 정하자 재수생활도 어느 정도 적응이 되었고, 다행히 원하는 학과로 진학하며 잘 마무리할 수 있었다.

하지만 막상 대학생이 되자 재수생 때의 다짐은 다 잊고 정신없이 친구들과 놀면서 자유를 만끽하였다. 신나게 1학년을 마치고 군대에 가서 고된 훈련과 정해진 틀 속에서 살다 보니 또다시 생각이 많아졌고, 재수생 때 했던 고민들이 떠올랐다. '아! 내가 대학에 놀러간 게 아니었지.' 생각해 보니 그토록 가고 싶었던 대학이 전 세계에서 제일 비싼 놀이터였다는 것을 훈련 중에 깨달았다. 복학하면 정말 알차게 대학생활을 하리라 다짐하였고, 복학 후 전공인 영문학 외에 국제정치학, 역사, 철학 등 다양한 수업을 들으며 교양을 넓혔고, 2년 후 호주 교환학생에 지원하여 합격하였다.

그런데 두 달이 채 지나지 않아 IMF가 터졌다. 하루가 다르게 치솟는 달러를 보며 유학을 가야 하는지 고민 끝에, 학비만 보조받고 생활비는 현지에서 벌어서 공부하는 '주경야독'을 선택하였다. 교환학생이 공부보다 청소, 설거지, 전단지 뿌리기 등 아르바이트에 더 열심이라니⋯⋯. 내 나라에 대한 실망감이 들면서 다시금 진로를 생각해 보았다.

결국은 경제다! 이전까지 내게 의미 없었던 경제와 경영학에 관심을 갖게 된 계기는 원화 가치가 반 토막이 난 것이 가장 컸다. 호주에 있는 동안 경제와 경영에 대한 기본소양을 갖추고, 귀국하면 상경대학원에 진학하고, 회계사로 국제금융 관련 업무를 해서 다시는 우리나라가 IMF 같은 수모를 겪지 않도록 공헌하겠다는 구체적인 진로를 정하였다. 동기가 분명하니 공부의 질이 달라졌다. 국제통상을 전공하는 대학원을 수석으로 졸업하였고, 미국공인회계사 자격증도 따서 세계적인 회계법인에서 글로벌 M&A를 맡는 행운도 누렸다.

5년 동안 회계사로 근무하던 중 또다시 운명적인 일이 벌어졌다. 제 몸을 혹사시키는지도 모르고 너무 열심히 근무하다가 허리를 다쳐 병원에 입원하게 되었다. 언제까지 이 일을 계속할 수 있을까? 내가 평생을 두고 즐겁게 할 일인가? 의문을 가지면서 또 다른 꿈을 꾸기 시작했다. 내가 진정 행복한 순간은 다른 사람을 도와주는 일을 할 때임을 깨달았기 때문이다. UN 같은 국제기구에서 세계 도처의 어려운 이들을 돕겠다는 결심을 하고 유학을 준비했다. 역시 목적이 분명하니 공부도 신나게 잘되었다.

국비 장학생으로 선발되어 소원하는 대학에 진학하는 행운을 누리고, UN에서 인턴의 기회를 얻어 원하던 일을 하려는 찰나, 또 성찰의 시간이 찾아왔다. 아내가 연속 다섯 번 유산을 경험한 것이었다. 한두 번도 아니고 다섯 번이나 유산을 겪다 보니 하나의 생명이 잉태되어 세상에 나오는 것이 얼마나 소중한지 절감하게 되었다. 또한 내 인생에서 중요한 가치는 UN 같이 폼 나는 곳에서 일하는 것이 아니라 우리 주변의 어려운 이웃들에게 작은 도움의 손길을 내미는 것이란 결론에 이르렀다.

이후 귀국해서 유학 시절에 뜻이 통했던 친구들과 'JUMP'라는 소셜 벤처를 창업해서 다문화 가정 자녀들과 취약계층 청소년에게 대학생 멘토링을 제공하는 일을 하면서, 홍익대학교 겸임교수로서 학생들에게 '위대한 것에 도전하라'는 메시지를 전하고 있다. 글로벌 교육회사에서도 '드넓은 세상을 경험하라'고 강조하고 있다. 현재까지는 지금 하는 일이 내게 가장 적합한 최고의 일이라 생각하고 있다.

'진로'는 '직업'과 확연히 구별되는 인생을 찾아가는 길이다. 앞서 내 인생의 진로를 바꾸는 굽이굽이마다 성찰의 시간들이 필요했듯이, 인생의 후배들에게 꼭 하고 싶은 말은 자신을 돌아보는 시간을 많이 가지라는 것이다.

교실은 물론이고 학교 게시판 곳곳에는 학생들의 꿈이 붙어 있다. 꿈을 크게 말하고, 붙여 놓고 보면서 계속 다짐하고, 또 타인 앞에서 자신의 꿈을 발표하면 이루어질 수 있는 확률이 높다는 연구에 근거한 실천이다. 꿈의 크기가 인생의 크기를 결정한다는 말이 있는데, 꿈을 이루는 데 필요한 것은 무엇보다 긍정적인 마음을 갖는 것이다.

학교교육이 학생의 적성과 소질을 존중해 주지 못하고 있는 현실에서 학생들은 '왜 이렇게 많은 과목을 배워야 하지?'라는 의문을 갖기도 한다. 노래를 좋아하면 노래만 부르면 되고, 축구를 좋아하면 축구만 하면 되지, 이 많은 교과목이 무슨 도움이 되는지 모르겠다는 학생들이 많다. 그러면 학생들에게 각 교과별 교육 내용이 자신의 진로 및 직업 선택에 있어서, 또 삶을 살아가는 데 어떠한 기여를 할 수 있는지 설득력 있게 안내해 주어야 한다.

왜 진로교육인가

한때 '대한민국 최고의 스펙은 무엇인가?'라는 질문에 대한 답이 'SSC'라는 자조 섞인 농담이 있었다. 서울대(Seoul National University)를 나와서, 삼성(Samsung)에서 근무하고, 40대 후반이 넘어 퇴직을 하게 되면 결국 달리 할 일이 없어서 치킨집(Chicken)을 연다는 것이다. 왜 이런 말이 공감을 얻게 되었을까?

여러 가지 이유가 있겠지만 가장 큰 문제는 '왜(why)'라는 질문 없이 '무엇(what)'에만 치우친 진로교육의 탓이 가장 크다. 우리 아이들은 초등학교와 중학교에 다닐 때부터 what이 모든 것의 중심이 되는 교육을 받았다. 아이들의 가슴속에서 끊임없이 올라오는 why라는 질문을 억제시키고, 옆집 엄마가 애들에게 무엇을 시키고 있는지를 알아보는 것에서부터 아이의 교육이 비롯되었다. 따라서 초등학교와 중학교의 교육은 아이가 좋아하는 것을 찾기보다는 ○○특목고, ○○자사고, ○○과학고 등 진학하는 고등학교 이름이 무엇인가에 따라 성공했느냐 실패했느냐를 판가름 지었다.

고등학교 교육을 통한 진로교육 역시 what의 연속이다. 학생에게 가장 중요한 질문은 진학하려는 대학의 이름이 무엇인가이며, 학교 또한 그러한 대학교에 과연 몇 명이 진학하는지가 중요하다. 대학에서의 공부도 결국 입사하는 회사의 이름이 무엇이며, 그러기 위해서는 어떤 스펙을 준비해야 하는가의 답을 찾아가는 과정이다. 대학생들에게 가장 큰 관심은 취업에 도움이 되는 전공이며, 자신의 적성이나 관심사를 찾기보다는 남들이 중요하다고 하는 것, 돈을 많이 벌 수 있는 것이 우선하게 된다. 우리 교육의 현장에서 why는 없고 what만 있다 보니, 개성과 재능을 개발해서 학생이 진정 가슴으로 원하는 것을 찾아 추진한다는 말은 말 그대로 언감생심이다.

'Golden Circle 이론'이라는 것이 있다. 모든 일은 그것이 '무엇을 하는가'보다 '왜 이 일을 하는가'에 따라 결과가 완전히 달라진다는 이론이다. 이를 좀 더 설명하면 다음과 같다.

- What(무엇) : 모든 개인은 자신이 하는 일이 '무엇'인지는 안다.
- How(어떻게) : 대부분의 개인은 자신이 하는 일을 '어떻게' 해야 하는지도 안다. '남과 차별성을 두어야 한다' '창의적이어야 한다' 등의 내용으로 이는 '무엇'보다는 추상적이기 때문에 이것이 핵심이라고 착각하기 쉽다.
- Why(왜) : 그런데 '왜 이 일을 하는가'라는 이유에 대한 명확한 답이 가장 중요한 핵심이다. '돈을 많이 벌기 위해서'라는 이유는 '돈'이라는 결과물을 남길 뿐이지 목적이 아니다. 자신의 가슴속 깊은 곳에서부터 우러나오는 신념, 목적이 바로 일을 하는 이유이다.

『손자병법』에서는 전쟁에서 이기기 위해 필요한 다섯 가지를 '오사(五

事)'라고 하는데, 이를 '도천지장법(道天地將法)'이라고 한다. 흔히들 전쟁에서 이기기 위해서는 훌륭한 장수와 잘 갖춰진 무기, 이를 다루는 군사들의 훈련량이 가장 중요할 것이라고 생각하지만, 손자는 오히려 이보다 더 중요한 것이 '도(道)'라고 하였다. 즉 이념과 애국심, 신념이 가장 중요한 승리의 요건이라고 본 것이다. 왜 싸워야 하는가에 대한 확신이 없으면 아무리 좋은 무기와 뛰어난 장수가 있어도 승리를 장담할 수 없다는 것이다.

what보다 중요한 것이 why라는 것을 강조한다. 이는 수천 년 전의 손자시대에만 적용된 것이 아니다. 현대사의 베트남전에서도 적용되었는데, 로버트 맥나마라(Robert Mcnamanra) 미국 국무장관은 미군이 압도적인 전력을 갖고 있었음에도 베트남군에 패한 원인에 대해 "베트남군은 자신들의 조국을 지켜야 한다는 강력한 의지가 있었고, 미군은 왜 싸우는지 몰랐기 때문에 졌다."라고 밝혔다. 결국 핵심은 why이다.

'진로'라는 말은 '앞으로 나아갈 길'이라는 뜻이다. 따라서 진로교육은 평생을 두고 나아갈 길을 찾도록 도와주는 것을 말한다. 평생을 두고 나아갈 길을 찾기 위해서는, 그 길이 '무엇'이냐가 아니라 '왜' 그 길을 선택하는지를 먼저 찾아야 한다. 왜냐하면 길에는 큰 길, 작은 길, 곧은 길, 꼬부랑 길, 오르막 길, 내리막 길 등 다양한 길이 존재하고, 그 길에서 다양한 사람들과 경험을 만나게 될 터인데, 왜 이 길을 걷고 있는지 본인이 알지 못한다면 길 위에서 만나는 숱한 어려움을 극복하기가 쉽지 않기 때문이다. 누구나 평탄하고 곧게 뻗은 큰 길을 원하겠지만, 그것은 오직 신만이 결정할 수 있다. 인간에게 주어진 것은 내가 이 길을 가야 하는 목적을 분명히 하는 것밖에 없다.

그렇다면 왜 진로교육이 필요한가? 평생을 두고 나아갈 길을 결정하기에 우리 아이들은 아직 어리고 다양한 경험과 지식을 쌓는 데 한계가 있으니 아이가 적성과 재능을 발견하고 개발하여, 이를 근거로 스스로 나아갈 길을 선택하도록 가정과 학교가 도와주어야 하기 때문이다.

진로교육이란 무엇인가

우리의 가정과 학교 현장에서 생기는 진로교육의 가장 큰 혼선 중 하나는 진로교육이 직업교육으로 변질되어 있는 것에서 비롯된다. 직업교육은 나아갈 길의 이름(직장의 이름)이 중요하지 왜 그 길을 선택해야 하는지에 대한 내용은 빠져 있다. 설사 아이가 "왜?"라는 질문을 하게 되면, "왜냐고? 몰라서 물어? 돈을 많이 벌잖아. 남들에게 인정받고 사람들이 부러워하잖아, 그것보다 중요한 게 어디 있어?"라는 어른들의 답변이 되돌아온다. 더 이상의 질문은 용납되지 않는다. 오직 관계된 어른의 경험, 주로 부모님이 선호하는 방향에 따라 아이의 진로교육이 행해진다.

학교 현장에서도 궁극적인 진로교육의 목적은 진학교육이며, 이 역시 직업교육의 일환이다. 내용은 다음과 같다.

좋은 고등학교(명문대 진학률이 높은 고등학교)에 진학하면 소위 명문대에 들어갈 수 있는 확률이 높아지고, 명문대에 들어가면 남들이 부러워하는 직장에 취업할 확률이 높아진다. 번듯한 직장에 다녀야 좋은 배우자를 만나서 결혼도 잘할 수 있다. 따라서 공부를 열심히 해야 한다. 오죽하면 '성적이 오를 때마다 신랑의 직업이 바뀐다'는 여고 급훈까지 등장했을까! 더 이상의 이유는 생각할 필요가 없으며, 그런 생각을 하는 것은 사치이자 망상이다. 대학에 들어가고 난 후에나 해야 하는 것이다.

이것이 우리나라 진로교육의 정석이다. 그렇기 때문에 대한민국 모든 고등학교 소개에는 무슨 대학에 몇 명이 진학했는지가 가장 중요한 항목이다. 이것을 제대로 못 하면 학교는 교육을 제대로 못 시킨 부끄러운 학교가 되어 학부모의 질타를 받는다.

진정한 의미의 진로교육이란 학생들의 본질을 찾아 주는 것이다. 어느 것이 맞는지 틀리는지를 알려 주는 교육은 본질을 찾는 교육이 아니다. 중국집에 가서 자장면을 먹고 싶은지, 볶음밥을 먹고 싶은지는 어느 선택이 맞느냐 틀리느냐의 문제가 아니라, 한 인간이 본질적으로 느끼는 욕구와 소화 능력의 문제다. 그런데 우리는 본질적인 것보다 남들이 인정해 주는지 아닌지를 통해 정답과 오답으로 구분해서 교육을 진행한다.

모든 생명체는 주어진 환경과 상관없이 고유한 본질을 가지고 있다. 동물원에 있는 호랑이는 비록 드넓은 초원에서 사슴 사냥을 하지 않는다고 해도 맹수의 DNA를 그대로 지니고 있다. 가끔씩 동물원 사육사가

10년 이상을 사육하던 호랑이로부터 피습을 당하는 것도 이러한 이유에서 비롯한다. 토끼 역시 인간들이 만들어 놓은 인공적인 환경인 동물원에서 태어나고 사육되었다고 해서 인간들의 육식을 따라 하지 않는다. 본질의 DNA는 변하지 않는 것이다. 환경이 본질을 바꾸는 것에는 분명 한계가 있다. 인간 역시 대자연의 일부로 이러한 본질적인 문제에서 예외가 될 수 없다. 사람마다 고유의 기질과 성품, 신체발달 정도를 가지고 있다. 같은 부모에게서 태어나도 머리가 좋은 자식과 예술적인 기질이 있는 자식이 구별된다. 이러한 본질적인 것은 좋고 나쁨으로 판단할 수 있는 대상이 아니다.

진로교육은 각 사람마다 가지고 있는 본질을 스스로 파악하도록 돕고, 이를 개발하여 본인 자신과 인류에 보탬이 되도록 하는 것이 목표가 되어야 한다. 따라서 나는 왜 이러한 본질을 가지고 태어났으며, 이를 발전시켜 나가기 위해 무엇을 해야 하는지를 결정하는 데 도움을 주는 것이 바로 진로교육이다. 즉 진로교육은 본질을 찾도록 도와주고, 이를 어떻게 활용하면 좋을지 방법을 안내해 주는 것이지, 길을 정해 주는 것이 아니다.

어떻게 진로교육을 할 것인가

그렇다면 어떻게 진로교육을 할 것인가? 가장 중요한 핵심은 앞에서 밝혔듯 아이의 자존감을 키워 주는 것이어야 한다. 앞서 진로교육이 왜 필요한지, 그리고 진로교육이 무엇인지를 밝힌 것처럼 진로교육은 아이가 무엇을 할지를 정해 주고 이유를 갖다 붙이는 것이 아니다. 아이가 스스로 원하는 것이 무엇인지를 찾도록 도와주고, 그 속에 본질적으로 내재되어 있는 목적을 일깨워 주는 것이 진로교육의 본질이다. 따라서 진로교육은 '무엇을 시킬까'의 문제가 아니라 '왜 할까'를 찾는 교육이 되어야 한다.

하지만 교육 현장에서의 가장 큰 화두는 '뭘 시킬까?'로 귀결된다. 유치원 때부터 고등학교에 이르기까지 '아이에게 무엇을 시키면 진학에 도움이 될까?'라는 것이 가장 중요한 문제로 여겨진다. 즉 아이들에게는 선택의 여지는 없고, 주어진 환경에서 무조건 앞만 보고 달려야 하는 상황이 초등학교에서부터 시작되고 있다. 그리고 그 목표는 오로지 하나! 명문대이다. 이렇게 부모가 시키는 대로 대학에 진학한 우리나라 대학생들의 가장 큰 진로 고민은 자신이 무엇을 할 때 행복하고 잘할 수 있는지 모른다는 것이다.

부모들의 가장 큰 실수는 좋은 교육은 좋은(비싼) 공부 환경을 조성하여 주는 것이고, 그렇게 되면 아이는 저절로 공부를 잘해서 명문대에 진학하여 남들이 부러워하는 직장을 가질 수 있다고 믿는 것이다. 그래서 유명 강사가 있다는 학원에 보내고, 좋은 선생님과 공부 잘하는 친구들과 함께 있으면 교육을 잘 시키는 것으로 착각한다. 하지만 앞서 설명하였듯이 아이의 가슴속에 내재되어 있는 본질에 어긋나면 이 모든 것은 부질없다. 한 달에 수백만 원씩 돈을 써서 학원에 보낸다고 해서 학원에 다니는 학생이 모두 다 공부를 잘하는 것이 아닌 이유가 여기에 있다. '뭘 시킬까'는 아이의 입장이 반영이 안 된 일방적인 부모의 문제이지만, '왜 할까'는 부모와 아이가 동시에 생각해야 하는 문제이다.

부모의 입장에서는 아이가 어떤 일에 몰입하는 모습 속에서 '왜 우리 아이가 이걸 계속할까'에 대해 고민하는 시간을 갖고, 아이의 의견을 존중해 주고 이해해 주는 것이 필요하다. 설사 아이가 좋아하는 것이 부모가 선호하는 것과 다르다고 할지라도 우선적으로 아이의 본질을 존중해 주는 것이 필요하다.

아이는 부모의 소유물이 아니다. 부모가 생각하고 요구하는 것을 들어주어야 하는 존재가 아니다. 아이와의 진지한 대화를 통해 아이의 입장에서 '왜 이걸 하는지'를 아이 스스로 깨닫고 진지하게 받아들일 수 있도록 해야 한다. 이것이 진로교육을 행하는 방법이다.

기업가 정신이
중요하다

———————• 농업기업을 꿈꾸는 생생유통 김가영 대표 •———————

기업가 수업에서 만났던 여러 젊은이들 중에 '생생유통' 김가영 대표는 특히 인상적이었다. 김가영 대표는 선린인터넷고를 나와서 E여대에 특별전형으로 합격한 친구였는데, 1학기 시험을 치르고 공부에는 재능이 없다는 것을 깨달았다고 한다. 많은 방황 끝에 방학 때 찾은 농촌 봉사활동에서 자신의 재능을 발견하였고, 그 뒤로 농업에 뛰어들어 지금은 세계적인 농업기업을 꿈꾸는 열정 넘치는 젊은이다.

그들은 직원 유니폼으로 레이밴 선글라스를 끼고 캘빈클라인 청바지를 입고 농사를 짓는다. 현재는 안성 지방의 공장들이 빠져나가면 그 시설을 이용하여 플랜트 작법을 개발하고 전국의 삼겹살 가게에 자연재해와 상관없이 안정적인 상추를 제공하는 것을 목표로 사업을 확장하고 있다. 이러한 젊은 패기를 높이 사서 우리나라를 이끄는 미래 100대 기업인에도 선정된 바가 있다. 앞으로는 고춧가루에 스토리를 입힐 예정이라며 소녀방앗간이라는 웰빙 식당, 국대 떡볶이 등 자신의 여러 가지 사업 구상을 소개하였다.

김가영 대표를 만나면서 여러 가지 생각이 들었다. 일단 사고방식이나 세상을 보는 눈이 또래에 비해 성숙했다. 제대로 세상과 만나는 젊은이들이 갖는 어른스러움이랄까? 그리고 자신만의 아이디어로 승부할 줄 알았다. 남의 기준에 맞추기 위한 스펙 쌓기로 젊음을 보내는 대학생이 아니라 자신만의 길을 가는 모습에서 신선한 충격을 받았다. 학교 다닐 때 성적은 뛰어나지 않았지만, 중요하지도 않았다. 자신의 재능을 발굴하고 그것을 실현할 줄 아는 뚝심, 도전정신, 창의적인 발상, 실제로 일을 벌이는 실행력 등이 오늘날의 김가영 대표를 있게 한 동력이었다. 창업교육을 중시하는 선린인터넷고의 학교생활이 김가영 대표에게 자신의 아이디어를 현실화하는 능력을 길러 주었다고 짐작해 본다. 대학을 가기 위한 교과 공부만 가르치는 일반 고등학교에서는 창업은 아이들의 선택지에 들어 있지도 않을 테니 말이다.

젊은 창업가들을 만나면서 아이들을 위한 진로교육을 다시 생각하게 되었다. 어떻게 키워야 할까? 자신의 인생을 스스로 개척해 나갈 수 있는 아이로 키워야 하지 않을까? 켄 로빈슨(Ken Robinson)은 『엘리먼트』란 책에서 창의성과 상상력의 차이는 실행력에 있다고 했다. 창의적이기 위해서는 실제로 무언가를 해야 한다. 창의성은 지능의 역동성을 가장 강력히 보여 주는 사례라는 것이다.

인간은 늘 변화를 두려워하지만, 변하지 않는 진실은 모든 것은 변화한다는 것이다. 변화는 예측이 어렵다는 점에서 불안하기도 하지만, 지금과는 다른 세상이라는 측면에서 본다면 새롭고 가슴 뛰는 것일 수도 있다. 모든 것은 변화하고, 변화는 자연스럽고 정상적인 과정이다.

기업가 정신의 본고장으로 꼽히는 미국은 1994년부터 2004년까지 매년 55만 개의 중소기업이 탄생했다. 이미 10년 전 석·박사 과정이 있는 대학의 90%가 기업가 정신에 대한 학위과정을 만들었다. 창업가들이 모여 있는 실리콘밸리는 인텔·애플·구글·페이스북·트위터 등 세계인의 삶에 큰 변화를 일으킨 기업이 탄생한 곳이다. 구글 창업자인 래리 페이지(Larry Page)와 세르게이 브린(Sergey Brin)은 대학원생일 때 스탠퍼드 대학에서 자금과 기술 개발을 적극 지원받았다.

왜 기업가 정신인가

4차 산업혁명이 직업 세계에 큰 변화를 예고하고 있다. 따라서 자신만의 새로운 진로를 창조해 나가는 창업이나 창직을 가르치는 교육의 필요성이 확산되고 있다. 애리조나 대학교에서 기업가 정신 교육을 받은 학생과 받지 않은 학생들의 직업과 수입을 조사·비교한 결과, 기업가 정신 교육을 받은 학생이 그렇지 않은 학생에 비해 3배 이상 창업을 했고, 연수입은 27% 많았으며, 자산도 62%나 더 많은 것으로 조사되었다. 미국은 1945년 하버드 대학교를 시작으로 지금은 전국의 1만 6천여 개 대학에서 기업가 정신 교육을 실시하고 있다. MIT 졸업생이 창업한 기업의 연매출액은 이탈리아의 연매출액을 상회하고, 스탠퍼드 대학교 졸업생이 세운 기업의 연매출액은 프랑스의 연매출액에 버금간다고 한다. 이는 기업가 정신 교육이 국가 경제와도 깊은 관련이 있음을 말해 준다.

기업가 정신 교육에서는 '나는 무엇을 하고 싶은가?' '나는 어디에 어울릴까?'라는 물음도 중요하지만, 이보다 먼저 '세상은 무엇을 필요로 하는가?'부터 물어야 한다. 방향을 잘못 잡으면 아무리 열심히 해도 소용이 없기 때문이다. 피터 드러커는 "성공한 혁신가는 기회에 초점을 둔다."고 말했다. 기회를 잡으려면 세상의 변화를 정확히 읽어야 한다. 생존이란 계속해서 변화를 받아들이는 과정이다.

이제 생각을 바꾸어서 청년들 스스로 일자리를 만들 수 있도록 길을 닦아 줘야 한다. 스스로 리더가 되어서 기업을 만들 수 있도록 도와줘야 한다. 'take a job'의 시대가 아니라 'invent a job(창직)'의 시대를 살아가는 청년들이 스스로 일자리를 만들 수 있도록 어릴 때부터 기업가 정신을 교육하고 경험할 수 있도록 도와야 한다. 현재의 장기적인 경기 침체와 불확실한 미래에 대비하기 위해 기업가 정신이 올바른 방향으로 우리 사회에 접목될 수 있어야 한다.

기업가 정신이란 무엇인가

기업가 정신에서 '기업가'는 두 가지 의미를 담고 있다. 하나는 기업을 경영하는 사람(企業家, Business man)이고, 다른 하나는 기업을 일으키는 사람(起業家, Entrepreneur)이라는 뜻이다. 사회의 문제에서 기회를 찾고, 그것을 기업활동을 통해 해결함으로써 사람들에게 이롭고 새로운 가치를 창출해 내는 사람이다. 새로운 가치를 만들어 내는 과정은 창의성과 도전정신이 필요하다. 불확실한 도전은 실패가 내포되기도 하는데, 기업가 정신의 대표적인 요람인 미국의 실리콘밸리에서 실패는 일상적인 일이다. 페이스북이나 구글 같은 뛰어난 기업도 숱한 실패 끝에 나온 성과물인데, 오늘날 전 세계의 경제와 흐름을 주도하고 있다. 실패에 너그러워야 도전이 가능하다. 하지만 전 재산을 담보로 걸고 한번 실패하면 온 집안이 망하는 구조에서는 기업가 정신은 요원하다.

기업가 정신에 대한 흔한 오해 중에 하나가 '기업가를 기르는 교육' '창업교육'을 하는 것이라서 나와는 상관없다, 자녀교육과는 먼 얘기라고 단정 짓는 경우이다. 그러나 기업가 정신은 자신의 삶을 주도적으로 살고 도전하며, 남과 다른 가치를 생활 속에서 창출하기 때문에 모든 사람에게 적용될 수 있다. 가령 Y중학교에서 학부모에게 기업가 정신을 가르치는 이유는, 엄마들도 기업가 정신을 배우고 세상의 변화를 읽어 낸다면 자녀를 양육하는 태도가 달라지기 때문이다. 자녀의 진로를 지도할 때도 미래에 필요한 역량을 고민하게 되고, 안전 지향보다는 도전적인 시도를 지원하는 것이 가능해진다.

내가 가진 재능으로 모두를 이롭게 하는 세상을 만들어 가는 것이 기업가 정신 교육의 목적이다. 따라서 새로운 기업을 창업하거나 기업을 경영하는 사람뿐만 아니라 학생, 공무원, 회사원, 학부모에게도 주도적인 삶을 만들어 가기 위해서는 기업가 정신이 필요하다. 각 개인이 기업가 정신을 발휘하면 개인과 사회의 모습이 새로운 가치를 창출하는 방향으로 변화될 수 있기 때문이다.

미국의 경제학자 슘페터(Joseph Schumpeter)는 미래의 불확실성 속에서도 장래를 정확하게 예측하고 변화를 모색하는 것이 기업가의 주요 임무이며, 이를 기업가 정신이라고 하였다. 그는 기업 이윤의 원천을 기업가의 혁신, 즉 기업가 정신을 통한 기업 이윤 추구에 있다고 보았다. 따라서 기업가는 혁신, 융합, 남다른 발상, 남다른 시각을 지니고 있어야 하며, 혁신을 할 수 있는 사람이어야 한다고 주장하였다.

기업은 기본적으로 이윤을 얻기 위한 목적을 가진 조직이다. 생존을 위해서는 이윤을 창출해야 한다. 동시에 기업활동을 가능케 한 사회에 이윤의 일부를 환원해야 한다는 사회적 책임도 가지고 있다. 특히 현대의 기업가 정신은 사회에 이로운 가치를 창출하는 것을 포함하는데, 이런 점에서 자신과 가족의 생계만을 목적으로 하는 자영업과는 차이가 있다. 자신만의 영리를 꾀하는 사람은 기업가가 아니라 자영업자이나, 오늘날의 시대 상황에서는 자신의 이익만 추구하는 사람은 자영업도 할 수 없다.

기업가 정신은 미래의 보다 나은 삶을 창조하려는 행동의 모티브이자 정신적 동력이다. 우리가 삶의 질을 향상시키기 위해서는 일하고 노는 방식, 여행하고 먹는 방식, 가족을 이루고 아이들을 양육하는 방식 등 인생의 모든 면에서 도전과 변화를 이끌어 내는 기업가 정신이 필요하다.

어떻게 기업가 정신을 기를 것인가

Y중학교에는 곳곳에 학생들이 그린 예쁜 그림과 함께 메시지가 부착되어 있다. 우리 주변의 문제를 찾아서 해결 방법을 아름답게 제시하는 프로젝트 수업의 결과물이다. 계단에는 캘리그라피로 응원의 글을 기록해서 붙여 놓았고, 쓰레기 잘 버리기 캠페인도 하고 있다. 모두 아이들 스스로 주변의 문제를 찾아서 해결해 보는 것으로, 프로젝트 수업을 삶과 연결시켜 문제를 찾고 해결하는 힘을 기르고자 하는 취지다. 아이들의 포스터를 보면 표현이 얼마나 기발한지 감탄이 절로 나온다.

학생 회의실도 시끌벅적하다. 공정무역을 한다고 준비 중이다. 사업을 추진하는 중심 부서는 학생회 임원을 대상으로 공정무역이 무엇이고, 왜 하는지와 이익금의 사용 방안 등을 설명한다. 사업 취지를 공감한 학생회는 일반 학생과 선생님들을 대상으로 광고물을 부착하고 팻말을 들고 마케팅하느라 바쁘다. 이익금을 기부하는 것도 잊지 않는다. 고등학교 진학을 위한 자기소개서에 경제학자가 되고 싶은 꿈과 연결하여 사업 참여 소감을 쓰기도 한다.

미국은 전체 주에서 기업가 정신 및 창업교육의 표준을 가지고 사업계획서 경연대회, 사업 아이디어 대회 등 기업가 정신 및 창업교육을 위한 다양한 활동을 전개하고 있다. 영국, 스페인, 호주, 핀란드, 덴마크, 네덜란드 등도 창업교육을 초등과정에서부터 의무 교과로 하여 체계적으로 운영한다. 선진국의 사례에서 보듯이 기업가 정신을 초·중·고에서 체계적으로 가르치고 배우는 것이 중요하다.

그러면 어떻게 기업가 정신을 기를 것인가?

일회성의 불투명 게임은 속이는 자가 이길 수 있으나 반복적인 투명 게임은 선한 사람, 협력하는 사람이 이긴다. 기업가 정신도 인성교육을 바탕으로 하는 능력이다. 서로 간에 던져지는 질문과 토론 과정에서 독특한 아이디어를 떠오르게 하고, 각자의 의견과 사고방식의 차이를 경험하게 해서 생각의 근육이 발달하게 한다. 새로운 지식은 집단의 공유를 통해 형성될 수 있다. 조직 혹은 집단 내 정보의 공유를 통해 공동의 지식이 만들어질 수 있으며, 이는 혁신과 변화의 주요한 원천이 될 수 있다.

가치 있는 창의적 아이디어는 사람에게 이로운 것, 사람들이 필요로 하는 것이므로 사람에 대한 애정을 전제로 한다. 인성이 실력인 이유와 통하는 대목이다. 사람들이 필요로 하는 것, 사람들에게 도움이 될 새로운 것이 무엇인지 창의적 아이디어를 내보고, 이 아이디어를 사업화할 수 있는 방안에 대해 집단지성을 발휘해 보도록 하자. 그리고 모의 창업을 시도해 보자. 어떤 아이디어를 아이템으로 할지, 어디에서 어떻게 팔지, 광고는 어떻게 할지, 이익은 어떻게 나눌지, 재고는 어떻게 처리할지에 대해 실제 고민해 보도록 하자. 이러한 경험을 통해서 많은 것을 얻을 수 있다. 기업가들이 주변의 불편함을 해결할 수 있는 것에서 사업 아이디어를 얻는 것처럼 내 주변의 불편함이 곧 기회가 된다는 사실을 알게 하자.

'경제 대통령'이라고 불렸던 고 정주영 현대그룹 회장. 그는 거인의 발걸음으로 한국 경제에 큰 족적을 남겼기에 지금도 최고의 경영자로 평가받고 있다. 정주영 회장이 입버릇처럼 하던 말이 "해 보긴 해 봤어?"라고 한다. 그가 살아생전에 직원들한테 힘든 일을 시키면 항상 돌아오는 답변은 "회장님, (이러고 저러고 해서) 그건 안 될 겁니다. 이미 다른 자동차 회사들이 시도해 봤는데 실패하지 않았습니까?"였다. 그러면 그는 바로 "그래서 니가 해 보긴 해 봤어? 니가 해 보고 그런 말을 하는 거야? 아니면 남이 그랬다는 거야?"라고 받아치면서 해 보지도 않고 미리 겁먹고 포기하는 직원들을 꾸짖었다고 한다. 그는 늘 자신감과 신념, 불굴의 노력을 가질 것을 강조했다. 단순히 마음가짐뿐만이 아니라 실천을 함께 강조하였다.

강조돼야 할 또 다른 덕목은 생활 속 소통 경험이다. 생활 속에서 가족이 함께 상의하고 협력하는 경험을 키워 주자. 어디로 여행을 갈지, 생일 파티는 어떻게 할지, 집안 인테리어는 어떻게 바꿀지 등 사소한 일도 아이들의 의견을 듣고 참여시키자. 가정에서 소통과 협력 문화에 익숙한 아이들은 자연스럽게 더불어 살아가는 태도를 갖게 될 것이다. 세상을 아름답게 만들고, 창의력과 소통 능력 및 협업 능력 등 미래역량을 키워 주며, 기업가 정신을 통하여 학생들이 기존의 직업에서 진로를 찾는 한편 창직이나 스타트업을 통해서도 꿈을 이룰 수 있도록 동기부여를 해야 한다.

창의융합 능력을 키우자

―――――――――・ 디자인이 곧 사람이다 ・―――――――――

이노디자인 대표 김영세. 그를 수식하는 단어는 참 많다. 한국의 1세대 산업디자이너, 김민기와 듀엣을 했던 가수 출신의 기업가, 디자인계의 노벨상인 IDEA 금·은·동상을 휩쓸어 버린 디자인계의 미다스 손, 디자인계의 그루 등.

그의 디자인 중에 우리가 기억하는 것 역시 많다. LG의 양문형 냉장고, 삼성의 가로 본능 휴대전화 등의 제품 디자인부터 이촌역에서 국립중앙박물관으로 이어진 200미터 지하 나들길과 2018년 평창올림픽의 성화봉과 성화대 디자인 등 공간과 한국의 대표적인 조형물까지 다양한데, 그의 디자인 영역은 계속 확장되고 있다.

혹자는 그를 문화인인지 사업가인지 헷갈린다고 하는데, 그는 자신을 혁신가(innovator)로 불러 달라면서 그의 회사 이노(iηηο) 역시 이노베이터에서 따왔다고 한다. 1986년 미국 실리콘밸리에 이노디자인을 설립하고, 10년 뒤 한국에도 이노디자인을 설립하여 한국과 미국을 오가며 빅데이터 시대에 걸맞는 빅디자인의 시대를 열어 가고 있다.

그는 청년 창업과 나눔에도 관심이 많아 젊은이들과 트위터로 소통하면서 2014년부터 현재까지 계속 '김영세의 기업가 정신 콘서트'를 이끌고 있다. 중소기업이 강하고 오래가는 강소기업이 되려면 기업 문화와 기업 가치에 중점을 두어야 한다고 강조하면서, 젊은이들에게도 "잡(job)이 아닌 커리어(career)를 만들어라!" "내 일(my bussiness)을 하면 내일(tomorrow)이 생긴다!"고 충고한다. 미래에는 단순히 먹고사는 일에서 벗어나 하고 싶은 일, 즐기는 일, 잘하고 싶은 일을 하는 것이 중요하다고 말한다.

1980년대부터 실리콘밸리에서 IT 인재들을 만나 온 그는 미래는 블루도 화이트도 아닌 퍼플 피플(purple people)의 시대이며, 이들은 열정으로 무장하고 자기가 하고 싶은 일을 선택하는 인류라고 정의하였다. 퍼플 피플이 되기 위해서는 자신의 일을 사랑하고, 남을 기쁘게 하는 일을 하고, 자신의 삶을 살라고 조언한다.

언제나 가장 중요한 것은 사람이고 관계다. 그래서 그는 디자인은 곧 사람, 사람을 사랑하는 것이라는 철학을 가지고 있으며, "내가 좋아서 했는데 남에게 도움이 되고, 사람들이 대가를 지불하면 그것이 기업이다."라고 창업을 누구나 쉽게 할 수 있는 것이라 말한다.

애덤 스미스(Adam Smith)는 "한 나라의 진정한 부의 원천은 그 나라 국민의 창의적 상상력에 있다."라고 했다. 오늘날 모든 선진국이 창의성 교육을 중요시하는 것을 보면 그 말에 공감하지 않을 수 없다.

왜 창의융합 교육인가

2011년 3월, 아이패드2 제품 발표회에서 스티브 잡스는 무대 위 스크린에 교차로 표지판 영상을 띄워 놓았다. 서로 다른 방향을 가리키는 표지판에는 '인문학(Liberal Arts)'과 '기술(Technology)'이 쓰여 있었다. 그는 그 앞에서 "인문학과 기술의 교차로입니다. 애플은 언제나 이 둘이 만나는 지점에 존재해 왔지요. 우리가 아이패드를 만든 것은 애플이 항상 기술과 인문학의 갈림길에서 고민해 왔기 때문입니다. 그동안 사람들은 기술을 따라잡으려 애썼지만 사실은 반대로 기술이 사람을 찾아와야 합니다."라고 말했다. 그것은 애플의 그간의 성공이 인문학과 기술의 융합에 있었다는 증언이었다. 기계적 성능이 최고가 아님에도 불구하고 많은 사람들이 애플의 아이폰에 열광하는 이유는 공학자, 인문학자, 디자이너 등의 다양한 분야 전문가들이 융합적인 사고를 기반으로 작은 차이를 만들었기 때문이다.

창의적인 인재를 기르기 위해서는 창의성 교육은 필수이다. 그런데 이 창의성 자체가 열린 사고를 전제로 하기 때문에 규격화되거나 정형화된 답이 없어서 한마디로 정의하기가 어렵다. 그것은 자유로움과 열린 사고 속에서 가능하다.

'결과'를 가르치는 교육은 결국 '집어넣는 교육'이고, '과정'을 배우게 하는 교육은 '꺼내는 교육'이다. 집어넣는 교육은 가르쳐야 할 내용이 학생 밖에 따로 존재하고 학생은 비어 있다는 인식이다. 반면 꺼내는 교육은 학생 속에 들어 있는 무엇으로부터 나와야 한다. 학생마다 다른 무엇이 꺼내어질 수 있으므로 교사는 각 학생들의 생각을 독려하여 문제해결로 귀결될 수 있도록 한다. 그리고 다양한 경험 속에 학생이 직접 참여하는 교육이 필요하다.

우리 아이들이 살아갈 미래 사회는 창의적 아이디어를 바탕으로 한 과학기술이 곧 국가의 경쟁력으로 이어질 것이라고 한다. 미래의 기술 혁신은 기존의 기술을 새롭고 조화롭게 융합하는 것이 관건이므로 융합적 사고가 필수적으로 요구된다.

창의융합 교육이란 무엇인가

예술의 나라 프랑스는 예술 못지않게 과학기술 강국이다. 프랑스가 기술이 뛰어난 이유로는 체험형 과학교육을 꼽을 수 있다. 손으로 직접 만들어 보고 체험하면서 과학의 개념을 알아가는 교육 프로그램인 '라망알라파트(La main a la pate)'가 대표적이다.

이스라엘에서도 2016년 지역 청소년 과학센터를 활용하여 청소년에게 수월성 STEM 교육을 제공하고, 질적으로 우수한 많은 활동을 경험하도록 하고 있다.

우리나라의 융합교육은 선진국이 추구하는 STEM 교육에서 더 나아가 기술과 예술, 인문사회 분야까지 아우를 줄 아는 인재, 특히 사회 시스템과도 연계할 능력을 가진 융합인재 양성을 목표로 하고 있다. 과학·기술·공학·수학의 각 첫 글자를 이용하여 만든 미국의 STEM(Science, Technology, Engineering, Mathematics) 교육과정에 Arts(예술)가 통합된 교육과정을 STEAM이라고 한다. 과학기술과 인문학의 융합은 단순히 합치는 차원이 아니라 함께 도약하는 차원으로 승화한다. STEAM은 융합적으로 사고하며 실생활 문제해결력을 배양하는 교육이라고 할 수 있다.

STEAM이 말하는 궁극적인 융합은 실생활 속의 자연스러운 융합이다. 실생활 문제는 대체로 어느 한 과목의 지식만으로는 풀 수 없으며, 여러 학문의 지식을 활용해야 해결 가능한 복합적인 문제이다. 실생활 문제를 해결하기 위해 다양한 지식을 활용하는 과정에서 자연스레 융합이 일어난다. 지식은 매일매일 새롭게 쏟아지고 있고, 언제 어디서든 찾을 수 있는 정보 환경에서 지식의 양으로 개인의 경쟁력을 평가하는 데 한계가 있다. 결국 이 지식을 어떻게 융합하고 활용하는가가 중요하다.

어떻게 창의융합 교육을 할 것인가

미래학자 다니엘 핑크(Daniel Pink)는 저서 『새로운 미래가 온다』에서 하이컨셉·하이터치의 시대가 오고 있음을 주장했다. 하이컨셉·하이터치

시대에 필요한 여섯 가지 조건으로 디자인·스토리·조화·공감·놀이·의미를 꼽으며, 이러한 재능이 일과 일상생활에 어떻게 활용되는지를 설명하고 있다.

이혜정의 『서울대에서는 누가 A+를 받는가』에서는 공교육과 사교육을 막론하고 창의력이 강조되고 있지만 실제로 우리나라 초·중·고등학교의 교육목표가 대학 입시에 맞추어져 있는 현실을 꼬집는다. 그렇다 보니 교사와 교과서로부터 가르쳐지는 지식을 절대적인 가치로 받아들이는 수용적 학습이 압도적으로 더 많이 이루어지고 있는 것을 지적한다.

수용적 사고력이란 상대방이 가르치는 내용을 의심이나 비판 없이 그대로 받아들여서 이해하고 암기해 시험에서 정확하게 기억해 내는 능력이다. 반면 비판적 사고력이란 주어진 내용을 이렇게도 생각해 보고 저렇게도 생각해 보는 등 상대방이 가르치는 내용을 자신만의 관점으로 다시 들여다보는 능력이다. 창의적 사고력은 비판적 사고력을 바탕으로 기존의 것을 새로운 관점으로 들여다보거나 전혀 다른 영역을 합쳐서 새로운 가치를 부여하거나 만들어 내는 것, 주어진 것 이상을 생각해 내는 능력이다.

현대 창의성 연구의 선구자이자 『몰입의 즐거움』을 쓴 미하이 칙센트미하이(Mihaly Csikszentmihalyi) 교수는 "정적인 사회를 유지하려면 주입식 교육으로 인재를 계발하는 게 나을 수도 있지만, 다가올 미래는 매우 크고 잦은 변화가 예상되므로 학생들이 미래 사회에 대비할 수 있게 불확실성과 변화를 포용하고 도전을 즐기는 방법을 가르쳐야 한다."고 말했다.

흔히 청소년기를 빙산에 비유하기도 한다. 보이는 부분 아래 10배나 되는 보이지 않는 부분이 숨어 있는 빙산처럼, 현재 보이는 것은 아이들의 극히 일부분일 뿐이다. 그 안에 잠들어 있는 보석 같은 가능성을 끌어내는 노력이 필요하다. 하고 싶은 것을 찾도록 도와주고 직접 도전하고 실행해 보도록 격려하자. 성취감을 경험해서 자신감과 자존감을 갖게 하자.

우리 아이들의 지적·정서적 성장 속도와 타고난 재능과 감각, 그리고 성장 환경은 모두 다르다. 교육에 있어서 우열의 수직적 차이가 아니라 다양성의 수평적 차이를 이해하고 존중하며, 각자의 재능을 발현하게 하는 일이 미래형 창의융합 교육의 토대일 것이다.

글로벌 역량을 키우자

—————————• 청운의 꿈을 안고 글로벌 무대로 •—————————

어린 시절의 나는 쌍둥이 동생과 함께 뒷동산에 올라 봄이면 개구리와 도롱뇽을 잡고, 여름이면 메뚜기와 여치를 잡으러 다니는 개구쟁이 소년이었다. 부산의 사직 운동장 근처에 살았는데, 웅변 학원과 피아노 학원을 다녔던 기억이 난다. 머리가 조금 커진 후로는 집 앞 사직도서관에서 하루 종일 과학동아나 위인전 같은 책들을 읽으며 상상력과 꿈을 키웠다. 고등학교에 올라가면서 동생과 함께 캐나다로 잠시 유학을 갔었는데, 정치가를 꿈꾸게 되면서 한국에서 고교 생활을 마치고 싶어 다시 돌아왔다.

꿈이 명확했기 때문에 고등학교 생활을 열심히 보냈다. 공부는 물론이고 3년 내내 학생회장을 맡았고, 부산지역 연합동아리 회장으로도 활동하는 등 대내외적인 활동을 열정적으로 하였다. 그런데 뜻하지 않게 진로에 차질이 생겼다. 희망하던 대학에 떨어진 것이다. 전혀 예상하지 못했던 일이라 충격이 컸다. 처음에는 남들과 마찬가지로 재수학원을 다녔지만, 도중에 생각을 바꿔서 영국으로 어학연수를 떠났다. 내게 새로운 도전의 기회를 주고 싶었다. 스스로 원해서 간 어학연수였기에 영국에서의 생활은 순조롭게 적응할 수 있었다. 그곳에서 혼자 힘으로 대학 입시를 준비하였고, 꿈에 그리던 옥스퍼드 대학교에 입학하였다.

이국땅에서의 생활은 자신을 돌아볼 수 있게 하고, 자신의 삶에 객관적인 시각을 갖게 해준다. 불확실한 미래에 대한 고민과 두려움에 눈물을 훔친 적도 있었지만, 조금 더 기다리자고 자신을 위안하며 버텼다. 하지만 정말 열심히 뛰자고 나 자신과 약속을 하였다. 그날 이후로 하루 4시간 이상 자본 적이 없을 정도로 열심히 살았다. 영국이라는 캔버스에 실천이라는 물감을 칠하자, 거기에는 영어를 유창하게 하면서 현지인들과 어울리는 여유로운 내 모습이 푸른 물감으로 그려졌다. 그리고 국내 은행의 이슬람지점장, 외국 대학의 입학처장, 여러 분야의 현지 전문가로 활동하며 아랍에미리트연합국(UAE), 중국, 싱가포르, 일본, 태국, 영국 등의 나라에서 다양한 직업과 일을 경험할 수 있었다.

최근에는 승진의 기회가 생겨서 이직을 했다. 늘 여러 곳에서 다양한 직함으로 연락이 온다. 한국에서는 바늘구멍 같은 취업의 문이 전 세계로 눈을 돌리면 의외로 갈 곳이 많다. 한때 우리나라는 기러기 아빠까지 양산하며 해외 유학의 붐이 일었다. 그러나 본인이 원하지 않는 유학은 타국에서의 적응력에 많은 차이를 가져온다. 아이 스스로 해외에서 성장 가능성과 꿈을 펼치고 싶다는 자기 선택의 과정이 따라야 한다.

바야흐로 글로벌 시대에 살고 있다. 과거 15년 정도 영국, 일본, 태국, UAE, 중국, 싱가포르 등에서 공부하고 일했던 경험이 글로벌 시대에 큰 자산이 된다고 느낀다. 현재 나는 전국의 초·중·고등학생과 학부모들을 대상으로 '글로벌 인재로서의 진로진학'이라는 특강을 자주 나가고 있으며, 강연 때마다 우리나라 고교와 대학 서열화의 틀을 벗어나서 시야를 넓게 가지라고 말한다.

지금의 청년들은 그 어느 시대보다 풍족하게 성장했지만, 성인이 된 그들의 미래는 과거보다 취업의 기회가 적고, 상대적 박탈감과 좌절감이 크다. 그러나 모두가 같은 곳을 바라보지 말고 세계로 눈을 돌리면 많은 기회가 있다. 한국에서 성적이 중하위권에 불과했지만, UAE의 자히드 대학교에서 이슬람 금융을 전공한 친구는 지금 아랍권 금융전문가로 귀한 대접을 받고 있다. 남들이 보지 못하는 것, 미처 시작하지 않은 틈새시장을 개척한다면 국제 인재로서의 가능성은 열려 있다.

글로벌 트렌드를 알자

진화론을 보면 살아남는 생물이나 집단은 공룡같이 강한 종이 아니라 변화하는 환경에 가장 적응을 잘하는 생물이다. 한국의 100대 기업은 지난 10년간 절반이나 바뀌었다. 전 세계를 호령하던 노키아나 블랙베리 같은 회사는 몇 년 만에 이름이 사라졌다. 대신 새로운 회사들이 급부상하고 있다. 이들의 특징은 모두 실제 생산하는 제품이 없다는 것이다. 중국의 알리바바는 2017년 11월 11일 광군제 때 자기 물건 하나 없이 중개 플랫폼으로만 하루에 28조 원의 매출을 올렸다.

이렇게 변화하는 세상의 트렌드를 읽지 못하면 개인도, 회사도, 나라도 지속될 수 없다. 나는 학생들을 만날 때마다 항상 트렌드를 생각하고, 자기가 무엇을 좋아하는지 늘 고민하고, 적성검사도 해보라고 이야기한다. 그리고 부모님, 선생님과 같이 경험이 많은 어른들과 대화를 자주 나누면서 구체적인 직업이나 가치관 등 인생의 목표를 세우라고, 하루·일주일·1년·5년·10년 단위로 목표를 세우라고 말한다. 이런 도우미 역할을 지금 이 글을 읽고 있는 선생님이나 학부모 같은 어른들이 해주어야 한다.

글로벌 인재의 3요소

글로벌 인재는 이중성의 포용, 실제적 지식 및 호기심, 국제·글로벌 감각을 가진 인재라고 정의할 수 있다. 바다의 소금은 3.6%밖에 안 되지만 그로 인해 바다는 썩지 않고 생명력을 이어 갈 수 있고, 이산화탄소는 대기의 0.03%밖에 안 되지만 연수를 자극해 호흡할 수 있게 해준다. 이렇듯이 이중성과 호기심, 국제·글로벌 감각은 우리 일상생활에서 아주

적은 양이지만 그 작은 부분이 다른 사람들과 차별성을 줄 수 있다. 명문대가 아니라 전 세계 모든 대학이 목표가 되고, 삼성과 현대자동차가 아니라 전 세계 모든 기업이 내가 일하고 살아갈 수 있는 터전이 될 수 있다. 더불어 국가의 경쟁력에도 기여하고, 본인의 성취감과 행복도도 높아지는 선순환이 이루어질 수 있다.

이중성의 포용

이중성은 역지사지 혹은 이해라는 선한 마음과도 닿아 있다. 6천만 명 이상의 목숨을 앗아간 제2차 세계대전은 대재앙이었지만, 여성의 사회 진출과 여권 신장의 측면에서는 비약적인 발전이 있었다. 예방접종에 사용되는 가짜 병원체인 백신은 약화된 감염원을 침투시켜 면역력을 키움으로써 나중에 진짜 병원체가 침투하더라도 이를 견뎌 낼 수 있게 하는 이로운 역할을 한다. 아픔을 경험한 후에 한 뼘 더 성장하듯이 그렇게 많은 것들이 이중성을 가지고 있다. 편협한 하나의 관점이 아니라 다양한 사고와 시각으로 세상을 바라보고 생각할 수 있도록 아이들을 이끌어야 한다. 정형화된 틀 안에서 맞고 틀렸는지 묻지 말고, '왜 그럴까?'라는 물음을 던지고 다양한 생각을 이끌어야 사고의 폭이 훨씬 깊어진다.

원숭이, 바나나, 사자 중에 이질적인 것을 찾으라고 하면 한국 학생들은 거의 사자를 고른다. 외국의 많은 학생들처럼 바나나를 골라도, 원숭이를 골라도 다른 사람들이 이해할 수 있게 설명하면 맞는 말이 된다.

동서양의 정치·경제·문화를 이어 준 교통로였던 실크로드는 유럽을 초토화시킨 흑사병을 일으키는 원인이 되었다. 1492년 신대륙의 발견은 유럽의 주식인 감자를 선물했지만 담배라는 악을 주었다. 하나의 사물에 겹쳐 있는 서로 다른 성질을 뜻하는 이중성은 문화적 배경에 따라서 서로 다르게 인식될 수 있는 것들에 대해 많은 질문을 던진다. 서로 다르다는 점을 알고 이해하면서 다양한 시선을 접하면 이중성과 호기심을 키울 수 있다.

실제적 지식 및 호기심

세계 최고의 자동차 기업 중 하나인 도요타는 1970년대 '5Whys'라는 접근법으로 근본적인 문제를 해결하고 초일류 기업으로 성장했다. 무슨 문제가 있을 때 '왜'라는 물음을 하고 다시 또 '왜'라고 묻는다. 그렇게 물음에 물음을 던지며 5번을 내려가다 보면 근본적인 문제를 해결하고 답을 찾을 수 있다.

반면 한국의 학생들은 '왜'라는 물음에 약하다. 유교적 사상이 남아 있어, 어른들과 선생님께 '왜'라고 물어보는 게 익숙하지 않은지도 모른다. 외국 학생들은 모를 때 질문을 하고, 한국 학생들은 내용을 알 때 질문을 한다고 한다. 많은 토론과 '왜'라는 질문이 일상적일 때 이중성과 호기심은 자란다. 가족이 함께할 수 있는 식탁에서 많은 이야기를 나눈다면 아이의 질문력을 키우고, 나아가 토론으로 사고의 깊이와 너비를 키우는 데도 도움이 된다.

예를 들어 "세상을 바꾼 획기적인 사건이나 발명품은 뭐가 있을까?"라는 질문을 던져 보자. 현대 문명의 이기를 있게 한 숫자 '0'의 발견이 될 수도 있고, 캠브리지 대학 장하준 교수가 말한 세탁기의 발명이 될 수도 있다. 가사노동이 쉬워진 덕분에 여성들이 노동시장에 진출하였고, 남아선호사상이 점차 사라진 게 세탁기 때문이라는 분석은 신선하면서도 설득력이 있다. 수레나 전기, 인터넷의 발명이 될 수도 있다. 페니실린의 발견, 컨베이어벨트 시스템, 제2차 세계대전, 종교혁명 등 다양한 답이 떠오른다. 정답도 오답도 없지만 토론은 지적 호기심을 자극하고, 실제적 지식을 키울 수 있는 가장 좋은 방편이다. 편안한 분위기에서 아이들과 이야기를 나누다 보면 점차 자라는 상상력과 사고의 깊이, 차이를 느낄 것이다.

국제·글로벌 감각

카세트테이프에서 CD, 그리고 다시 MP3로 음원 재생은 진화를 거듭하고 있다. 이 획기적인 변화의 중심에 '새한미디어'라는 한국 회사가 있었다. 1997년 MP3 플레이어라는 디지털 뮤직을 처음 내놓은 이 회사는 창조적인 직원들이 이중성과 호기심으로 세상을 바꿔 놓을 이 발명품을 내놓았지만 얼마 지나지 않아 사라지고 말았다. 글로벌 인재의 중요한 요소 중 하나인 글로벌 감각, 글로벌 의사소통 능력, 거래 상대국에 대한 지식과 정보, 외국인과의 원만한 인간관계와 글로벌 경영관리 능력이 없어서였다.

세계적인 스포츠 의류 회사인 퓨마는 중동의 UAE에서 독립 40주년 기념으로 국기가 들어간 신발을 한정판으로 제작하여 판매하다 크게 사과하고 모든 신발을 회수해야 했다. 돼지와 더불어 무슬림들이 불결하게 여기는 신발에 국기를 그려 넣었기 때문이다. 유럽에서는 손톱을 보이면서 '브이' 자를 그리면 '엿 먹어라'는 뜻이다. 영국과 프랑스의 백년전쟁 동안에 포로의 손가락을 잘라 활을 쏘지 못하게 했던 문화적 배경에서 유래된 욕이다. 그런데 한국의 많은 기업가들이 유럽에서 이 몸동작을 보이며 결례를 범하는 모습을 종종 본다. 나는 중국과 비즈니스가 있을 때는 숫자 8과 빨간색을 많이 챙기는 편인데, 다과를 차려도 빨간 포장지의 초코파이를 준비하고 미팅 때 빨간 넥타이를 한다. 거래 은행 계좌는 평생 계좌번호로 중국인이 좋아하는 숫자 8을 많이 넣어 만든다.

비즈니스 상대국에 대한 지식과 정보 그리고 언어의 힘은 중요하다. 글로벌 시대에 영어나 관심 지역의 언어를 할 수 있다는 것은 큰 이점이다. 미국 국무성에서 뽑는 중·고등학생을 위한 교환학생 프로그램을 활용해 일 년 동안 미국의 시골에서 문화와 영어를 익히는 것도 좋은 기회이다. 유학 시절 영어가 많이 늘었던 것은 학원이나 학교 공부가 아니라 친구들과의 일상적인 대화와 토론 때문이었고, 일 년에 100권씩 읽었던 독서의 힘이 컸다. 영어에 대한 자신감이 생기면 꼭 국내 대학으로의 진학만 고집할 것이 아니라 학비가 거의 무료이면서 교육 시스템이 좋고, 학업이나 연구 실적이 우수한 네덜란드, 독일, 벨기에 같은 나라의 대학도 염두에 두자. 해외 여러 나라에서 그 지역 언어를 배우면서 진정한 글로벌 인재로 거듭날 수 있는 기회는 얼마든지 있다.

두바이 같은 중동이나 말레이시아 같은 이슬람 국가에서 이슬람 금융을 전공해도 전 세계에서 몇 안 되는 한국말을 완벽하게 하는 이슬람 금융 전문가가 될 것이다. 취업이 거의 백퍼센트된다는 일본의 최고 명문대들도 영어 과정으로 된 학과들이 있고, 한국보다 학비가 저렴한 곳도 많다. 태국, 베트남의 우수한 대학들도 글로벌 인재로서 진학을 고려할 만큼 장점이 많다. 그리고 중국에 들어와 있는 미국 명문대의 분교들, 이를테면 상해 교통대와 미시건대 공동학위과정 등도 연·고대 학비 정도로 더 좋은 기회를 가질 수 있다.

영어와 또 다른 로컬 언어를 배우면서 그 나라에 대한 지식과 정보, 원만한 인간관계와 문화를 익힌다면 글로벌 인재라는 마지막 퍼즐도 쉽게 맞출 수 있다. 이중성의 이해와 호기심, 글로벌 감각으로 무장한 많은 젊은이들이 전 세계를 누비며 자아성취와 행복을 누리는 글로벌 인재로 거듭날 수 있도록, 이 글이 작은 주춧돌이 되길 소망한다.

4.0 시대,
다시 태어나는 부모의 역할

이 책을 쓴 가장 큰 목적은 4차 산업혁명 시대를 맞아 교육의 목표 또한 변해야 한다는 말을 하려는 데 있다. 부모 세대에게 익숙한 교육은 3차 산업혁명 시대에 필요한 인재를 키워 내는 방식이고, 이것은 청년 실업률이나 '인구론(인문계의 90%가 실업자)'이라는 자조적인 단어가 말해 주듯 이미 현실에서 무너지고 있다. 바야흐로 인간 수명 100세 시대, 인간 발달 주기에 따라 청년기가 18세에서 65세까지 확장된다면, 아이와 함께 부모도 인생 후반기의 진로를 고민해야 한다. 부모 역시 한 가지 직업으로 50~60년을 버틸 수가 없기 때문이다. 이제 부모는 자녀만이 아니라 자신을 위해서도 사고의 전환이 필요하다. 부모 세대에 유용했던 교육 도구들, 경쟁 지식과 소유의 가치는 저물어 가고 협업과 감성과 공유의 가치가 새롭게 떠오르고 있다.

그렇다면 이런 변화의 물결 앞에서 부모는 어떻게 자녀를 교육시켜야 할까? 앞서 말했지만, 미래에는 한 가지 정답은 없다. 숱한 사례들 속에서 어렴풋하게 공통분모를 찾아보면, 자녀와 함께 성장하는 부모의 모습이 아닐까 생각한다. 자녀에게 자신의 희망을 주입하는 것이 아니라, 건강한 동반자로서 미래를 같이 고민하고 성장하는 부모이다. 아이뿐만 아니라 성인에게도 성장 동기가 중요하다. 우리는 부모이기 이전에 한 사람이었다. 그 본연의 모습을 깨닫고 자신의 잠재력을 성장시켜 나갈 때 비로소 자신을 긍정하고 행복한 감정을 가질 수 있다.

자녀를 키우면서 부모의 잠재력을 성장시킬 수 있는 방법은 무엇이 있을까? 내 아이가 살아갈 세상을 건강하고 행복하게 바꾸는 교육을 위해서 엄마들이 학교에서 할 수 있는 역할은 다양하다. 학교가 엄마의 재능이라는 광맥을 잘 활용한다면, 공교육에서 부족한 인성교육과 정서적인 부분을 보완할 수 있는 다양한 아이디어와 접점을 찾을 수 있을 것이다.

우리 책에는 많은 사례들이 등장한다. 학원에 의존하기보다는 자녀와 함께 열심히 미술 진로를 찾아가다 엄마의 꿈을 되찾게 된 이야기, 우리 아이들에게 필요한 교육을 하다 보니 엄마표 수업으로 교단에 서게 된 이야기, 자신의 시행착오를 다른 엄마들과 나누고 싶어서 부모 수업을 시작한 학부모의 이야기 등 많은 이야기를 만날 수 있다. 이들의 공통점은 자식과의 갈등을 계기로 자신을 되돌아보고 성찰하고 극복하면서 성장했다는 것이다. 어떤 엄마는 "아이와 함께 성장해서 빛나는 졸업장을 같이 받고 싶어요."라고 말한다.

좋은 엄마란 최고의 엄마가 아니다. 그냥 좀 괜찮은 엄마, 자신과 아이의 인간적인 약점을 받아들일 줄 아는 엄마면 된다. 아이의 방황과 좌절, 미성숙을 견딜 수 있는 엄마면 괜찮은 엄마다. 자녀를 인생의 동반자로 인정하고 함께 그 길을 걸어가 주는 엄마, 아이의 생각을 물어 주고 존중해 주는 엄마, 내 인생과 아이의 인생에 적당한 거리 두기를 할 수 있는 엄마, 최고의 엄마 따위 멀리 던져 버리고 편안하게 아이를 바라볼 수 있는 엄마면 된다. 아이가 한 살이면, 엄마도 한 살이니 서툰 것은 당연하다. 엄마도 아이와 함께 배우고 자라야 한다.

강진자 : 우리가 미래교육서를 쓰겠다고 모인 지가 어느덧 일 년이 흘렀습니다. 그동안 십여 차례 만나서 우리의 교육 현실에 대해 고민하고 난상토론을 펼친 적도 많았습니다. 때로는 모두가 만족할 만한 답을 찾지 못해 답답하고 힘든 적도 있었지만, 그럼에도 희망을 잃지 않고 여기까지 왔습니다. 저는 원고 집필을 끝내고 나니 부끄러움보다 기대와 설렘이 앞섭니다. 다른 분들은 책을 마무리하는 소감이 어떠세요?

정향심 : 처음에는 그동안 교사로서 느낀 생각을 풀어 낼 수 있을 거

라 생각하고 흔쾌히 동의했습니다. 그런데 쓰다 보니 교육에 한 가지 답만 존재하는 게 아니라서 학부모들께 이렇게 하시라고 정답을 제시할 수 없으니까 답답했어요. 그래도 고민하는 과정을 통해 적어도 이러이러한 것들은 하지 말자는 답을 드리지 않았을까 생각합니다.

배정미 : 저는 둘째가 고3이었는데요, 대입을 치르면서 제 밑바닥에 뿌리박힌 학벌주의를 다시 절감했습니다. 학부모로 12년을 사는 동안 알게 모르게 주입이 되어서 우리가 아무리 미래에는 인성이 더 중요하고 창의력과 문제해결력을 외쳐도, 일단 공부로 줄을 세우는 대입 제도가 바뀌지 않는 한 공염불이 될 수도 있겠다, 빨리 아이들의 평가 방식이 제도적으로 바뀌어야겠다는 생각이 들었습니다.

강진자 : 이 책의 제목을 '4차 산업혁명 시대를 살아갈 교육'으로 생각한 적도 있는데요, 앞으로의 교육은 지식 위주의 공부가 아니라 행복하게 살아가는 방식을 배우는 것이라고 생각합니다. 그런데 학교 현장에서는 여전히 3차 산업혁명 시대의 교육을 하고 있습니다. 그렇다고 국가와 제도가 변하기까지 기다리다 보면 너무 늦을 수가 있어요. 그러니 우리가 먼저 바뀌면 제도도 따라서 바뀌지 않을까요?

정향심 : 제도의 변화가 시급하고, 그러려면 대입 제도부터 바뀌어

야 합니다. 우리 교육의 모든 문제는 대입에서 시작된다고 해도 과
언이 아닙니다. 또 애들은 키우는 게 아니라 자라는 거라고 말씀드
리고 싶어요. 부모님께서 이런 마음으로 다가선다면 아이와의 갈등
은 훨씬 적을 거라 생각합니다. 만약 아이가 정말 부모님이 원하지
않는 행동을 하면 화부터 내지 말고 그렇게 행동하는 이유를 물어
보고 대화를 하면 아이와의 사이가 좋아질 거라 믿어요.

강진자 : 십대 자녀와의 갈등은 대부분 공부 안 하는 부분이잖아요.
남자아이들은 게임 중독, 여자아이들은 화장과 채팅, 요즘은 남녀 공
히 연예인 덕질에 빠져서 공부를 안 한다고 걱정하시는데, 그 시간이
아이들에게는 숨통을 틔우는 시간일 수도 있습니다. 우리나라 중·
고생들이 하루 종일 공부를 해야 하는 현실에서 스트레스를 해소할
마땅한 탈출구가 없어요. 그런데 그걸 야단만 쳐서는 안 되고, 왜 그
러는지 부모가 물어보고 보듬어 안아야 해결책이 나온다고 봅니다.

배정미 : 그런 의미에서 부모교육이 필요한 것 같습니다. 전문가의
강의도 좋지만, 엄마들이 또래 엄마들과 만나 고민을 나누고 해소할
수 있는 시간 말입니다. 사실 공부시키는 엄마들도 스트레스가 엄
청납니다. 시킬 건 많지, 남보다 뒤처질까 불안하지, 애들은 말을 안
듣지, 애가 잘못되면 다 엄마 탓하지…… 저희 엄마들도 숨통을 틔

울 시간이 필요합니다. 자녀와의 갈등은 엄마 자신의 문제가 본질인 경우가 대부분이기 때문에 엄마가 행복해지기 위한 교육, 엄마에게 초점을 맞춘 부모교육이 필요한 시점이라고 생각합니다.

강진자 : 부모와 교사와 학교가 한 마음이 되어 아이들을 위해 노력해 왔고, 그 과정과 고민을 담은 것이 이 책이 가진 의미가 아닌가 생각합니다.

정향심 : 혹여 저희가 잘못 생각한 부분이 있다면, 부모님들이 함께 모여서 서로 의견을 나누면서 이 책의 부족한 점을 채워 주시면 좋겠습니다. 그러면서 우리 아이들을 위한 공동의 이야깃거리와 지혜를 모으고, 거기다 위로까지 드릴 수 있다면 더할 나위가 없겠지요.

박재홍 : 위로와 지혜, 이 책을 통해 저희가 부모님께 드리고 싶은 것은 그 두 가지로 축약할 수 있겠습니다. 미래에는 우리가 속한 사회의 구성원과 건강한 관계를 맺으면서 행복하게 사는 것이 무엇보다 중요합니다. 그러기 위해서는 인성교육이 중요하지요. 따라서 이 책은 지금 우리가 열심히 하고 있는 대학을 보내기 위한 교육과 공부 방법에 이의를 제기하고, 더 나은 방법을 찾기 위해 교사와 부모가 함께 고민하자고 제안하는 출발선이 되었으면 좋겠습니다.

참고문헌

1) 송은주(2013), 『우리는 잘하고 있는 것일까』, 행성B잎새

2) 영국 일간지 『데일리 텔레그래프(The Daily Telegraph)』 인용

3) 마티아스 호르크스 외(2015), 박정례 역, 『미래가 든든한 아이로 키워라』, 길벗

4) 이영미 외(2013), 『모가 지각한 부모기대로 인한 부모-자녀 간 갈등극복 경험』, 상담학연구 14권, PP.
   1401~1422

5) 노경실(2008), 『엄마 친구 아들』, 어린이작가정신

6) 이영미(2012); Micucci(2009); Sells(2004)

7) 마크 바우어라인(2014), 김선아 역, 『가장 멍청한 세대』, 인물과사상사

8) 돈 탭스콧(2009), 이진원 역, 『디지털 네이티브』, 비즈니스북스

9) 돈 탭스콧(2009), 이진원 역, 『디지털 네이티브』, 비즈니스북스, PP. 198~239

10) Y중학교 학부모 토론 시간에 신여명 님이 쓴 말.

11) 박기모(2014), 『친절과 인사만 잘해도 세계 최고가 된다』, 프로방스

12) Programme for International Student Assessment. OECD 주관으로 3년 주기로 만 15세 학생을 대상으
    로 시행하며, 읽기, 수학, 과학 분야의 국제학업성취도를 평가한다.

13) 미래전략정책연구원(2017), 『10년 후 4차 산업혁명의 미래』, 일상과이상

14) 제16회 세계지식포럼, 2015년 10월

15) 통계청(2016), 국제인구이동 통계

16) 최석현(2017), 『제4차 산업혁명 시대, 일자리 전략은?』, 경기연구원

17) 공유경제는 2008년 하버드대학교의 로렌스 레식(Lawrence Lessig) 교수가 처음 정의했다.

18) '강아지 에어비앤비'로 연매출 800억 원 회사, 티타임즈, 2017. 3. 3일자

19) 제프 콜빈(2016), 신동숙 역, 『인간은 과소평가되었다』, 한스미디어

20) 이민화, 〈4차 산업혁명으로 가는 길〉 특강

21) 조벽(2016), 『인성이 실력이다』, 해냄